VOLKER KITZ

ALTE ELTERN

VOLKER KITZ

ALTE ELTERN

Über das Kümmern und die Zeit, die uns bleibt

KIEPENHEUER & WITSCH

Für Tobias

Du denkst, das wird dir niemals passieren,
das kann dir niemals passieren, du seist der
einzige Mensch auf der Welt, dem nichts von
alldem jemals passieren wird, und dann geht es
los, und eins nach dem anderen passiert dir
all das genauso, wie es jedem anderen passiert.

PAUL AUSTER, *Winterjournal*

For tomorrow and its needs I do not pray;
Keep me, my God, from stain of sin,
Just for to-day.

S. M. X., *To-Day*

INHALT

Das Licht ferner Sterne 13
Sammeln, bewahren 35
Unsicher 55
Wirklichkeit teilen 73
An manchen Tagen im Reinen sein 89
Notfallsammelpunkt 101
Kostbare Fragmente 117
Tatortversiegelung 135
Die Welt in wiederherstellbarer Reichweite 153
Ein Versuch, Scham zu überwinden 181
Freunde spielen 201
Literatur 223

Ich werde bald einen Kuchen backen, mit der Blechherzform, die unsere Mutter für jeden unserer Geburtstage benutzte. Mein Vater wird nicht verstehen, was die 8 und die 0 auf dem Kuchen mit ihm zu tun haben. Vielleicht lade ich trotzdem Gäste ein. Er wird zwei Stücke oder drei verschlingen, die Augen schließen und »Mmh!« rufen. Wir werden frische Wäsche brauchen. An einem guten Tag wird er mit uns über den Kurfürstendamm bis zur Gedächtniskirche marschieren (»Findest du das nicht zynisch, mit deinem Vater zur *Gedächtnis*kirche?«, fragt ein Freund). Ist sein AZ aber schlecht, liegt er im Bett, unbewegbar, als wäre es ein Experiment mit dem gelenklosen Körper, unerreichbar, die Stimme in den Kopf gerutscht, nur ein Wimmern, wenn ich ihn anfasse, die Unruhe in seinem Innern schlägt gegen die Hülle wie Magma.

AZ nennen sie im Pflegeprotokoll den Allgemeinzustand.

Ich hatte es mir anders vorgestellt.

Selbst als wir wussten, worum es ging, als die Leugnungsphase an Verteidigungskraft verlor, dachte ich nicht, dass ich meinen Vater bald in so extremen Situationen erleben würde, dass meine Kraft (von der es bisher nie zu wenig gab) kaum reichen sollte, mich zu beruhigen, mir Mut zuzusprechen, geschweige denn ihm. Zu erkennen, wann es an mir ist, zu handeln, und zu entscheiden, was zu tun ist.

Das hier schreibe ich nicht, um den Entwicklungen einen Sinn abzupressen, auch Geschehnisse, in die wir in Echtzeit keinen Sinn bringen, bleiben Geschehnisse; uns bleibt, zurechtzukommen. Ohne Goldrahmen um die Bilder zu legen, ohne Verklären und Romantisieren, doch ohne auch: uns als Opfer ungerechter Welt auszustellen / das Hadern.

Ohne Heldenstolz, ohne Rettergehabe, doch ohne auch: das Schuldgefühl, unterlassen zu haben, nicht hinzureichen. Wiewohl bald der eine, bald der andere Pol mit Kraft an uns zieht.

Schreiben ist Suche nach Zurechtkommen, das heißt für mich: meinem Vater anständig gegenübertreten. Dem Vertrauten nicht nachtrauern, wenn es gegangen ist. Dem Vertrauten an ihm, an mir, an den Dingen, an einer Welt, die sich so ändert, dass wir die alten Rezepte nicht anwenden können, weil Zutaten fehlen. Die Lücken füllen mit etwas, das trägt, für diesen Moment. Dann für den nächsten. Dann sehen wir weiter.

DAS LICHT FERNER STERNE

Auf seinem Weg zu uns verändert das Licht der Sterne seine Farbe. Je ferner der Stern, desto stärker verschiebt sich sein Leuchten ins Rot. Diese Entdeckung Edwin Hubbles hat unsere Vorstellung vom Universum erschüttert: Wir müssen davon ausgehen, dass die Sterne vor uns fliehen. Je weiter weg sie schon sind, desto schneller treiben sie nach außen. Die Geschwindigkeit streckt ihre Lichtwellen, wie sich das Heulen der Polizeisirene verändert, wenn der Einsatzwagen an uns vorbeipeitscht. Lassen wir die Vergangenheit des Universums rückwärtslaufen, galoppieren die Galaxien aufeinander zu, je ferner, desto schneller, bis sie in einem Punkt zusammenfallen. Weil das Licht Reisezeit braucht, schauen wir in unsere Vergangenheit, wenn wir in den Himmel schauen. Jedes Morgen gibt ein Stück unseres Gestern preis, weitet in winzigen Schritten unseren Rückspiegelhorizont. Mit immer feineren Instrumenten versuchen wir zu erkennen, was war.

Dieser eine Moment aber, vor vermutlich 13,8 Milliarden Jahren, bildet die Grenze dessen, was wir sehen werden. Weiter kommen wir nicht, so sehnsüchtig wir auch wollen.

Niemand hat eine Idee, wie wir hinter das Blendlicht des Urknalls schauen könnten.

Das Gefühl, das diese Erkenntnis in uns auslöst, muss das Gefühl sein, das meinen Vater jetzt immer öfter befällt.

Schreiben Sie nie, las ich einmal in einem Buch des Journalismusprofessors Jack Hart, jemand »begann etwas zu tun«. Schreiben Sie »er lachte« statt »er begann zu lachen«. Sonst verwischen Sie die Handlung.

Mein Vater aber verlor nicht seine Erinnerung, wie man einen Schlüssel verliert. Er *begann* eines Tages damit, sie zu verlieren.

Ich sitze in meinem Arbeitszimmer in Berlin. Auch mein Vater befindet sich in einem Zimmer. Es ist wenige Straßen von meiner Wohnung entfernt, in der zweiten Etage eines Eckhauses. Wer vorbeigeht, mit dem Haus und seinen Bewohnern nichts zu tun hat, sieht den goldenen Baldachin und die fünf Sterne und denkt an ein feines Hotel. Nur wer genauer hinschaut oder hineingeht, bemerkt die warmleuchtende Schrift: »Pflegeresidenz«. Mein Bruder und ich nennen es »die Residenz«. Wir wissen, dass wir den Euphemismus brauchen, um die Wahrheit zu ertragen. In die »Residenz« ist unser Vater vor vier Monaten gezogen, im November, aus seinem Haus, in dem er über vier Jahrzehnte gewohnt hat, sieben Stunden Autofahrt entfernt. Es war ein gemeinsamer Entschluss, ein gemeinsamer Aufbruch.

Bei jeder Bewegung, die ich in meinem Zimmer vollziehe, muss ich daran denken, welche Körperhaltung mein Vater in seinem gerade eingenommen haben mag, was er macht, ob seine Augen zufrieden schauen oder ob sie getrieben Halt suchen im Raum und nicht finden. Beide Zustände wechseln sich ab. Seit er so nah bei mir wohnt, kann ich unsere Leben nicht voneinander trennen. Sie durchflimmern meinen Kopf in Parallelmontage, als Film, der zwischen uns, zwei ruhelosen Menschen, hin und her schneidet. War ich nachts unterwegs, fahre ich auf dem Heimweg mit dem Fahrrad unter seinem Fenster vorbei und schaue hinauf, oft sehe ich das Deckenlicht eingeschaltet, den Kleiderschrank offen. Dann male ich mir aus, welche Dramen sich abspielen; gut, dass in der Nacht nicht Besuchszeit ist.

Noch erkennt mich mein Vater. Aber ich merke, er entfernt sich von mir, wie man in einer Liebesbeziehung manchmal spürt, dass der Partner sich in seine Welt zurückzieht, sich trennen wird. Einen weggelaufenen Partner kann ich in der Zukunft treffen, um zu sprechen, um zu verstehen, was geschehen ist. Meinen Vater nicht. Ich kann nur versuchen, es im Alleingang zu begreifen.

Ich tue, was ich gelernt habe: Literatur befragen, mich sachkundig machen.

Wenn ich weiß, warum etwas geschieht, denke ich, kann ich das Geschehen beeinflussen.

Zunächst schien es mir sinnvoll, mich mit Erinnerung zu beschäftigen. Geht es bei der Demenz nicht um sie? Ich will verstehen, wie Erinnerung funktioniert und warum sie bei meinem Vater nicht funktioniert. Ich frage mich, was wir früher hätten wissen müssen, erkennen können. Ich brauche eine Ahnung davon, was in meinem Vater vorgeht und wie ich ihm am besten gegenübertrete, wenigstens eine Ahnung.

Wenn ich weiß, wie es anfing, denke ich, kann ich es anhalten.

Ich wäre ruhiger, wenn ich wüsste, wie es angefangen hat.

In meiner eigenen Erinnerung blitzen Antwortfetzen auf; fremde Schilderungen lösen Wiedererkennungsmomente aus. Jonathan Franzen spricht als Mitwisser zu mir, wenn er in seinem Essay »Das Gehirn meines Vaters« beschreibt, wie die Familie auffallend oft den Pannendienst rief, weil Papas Auto nicht ansprang. Auch uns erklärte der Mechaniker in immer kürzeren Abständen, welches Licht diesmal in die Einsamkeit der Garage gestrahlt hatte, bis die Batterie erschöpft war. Das ließ sich präzise rekonstruieren, die Bordelektronik zeichnete das Geschehen auf, an das meinem Vater die Erinnerung schon fehlte. Ich weiß auch noch, dass drinnen, in seinem Haus, die Wandleuchten neben dem Badezimmerspiegel die ersten waren, in die wir Energiesparlampen schraubten, weil mein Vater sie immer öfter nur noch einschaltete, nicht mehr aus.

Noch früher sehe ich mich auf einem Markt in Tel Aviv, zwischen Freunden und bunten Auslagen, der Name auf dem Display schreckte mich auf. Es war der Hausarzt meines Vaters, der mich im Urlaub anrief. Kein akuter Notfall, sagte er, ein Notfall aber doch; dass er mir ins Gewissen rede, könne er nicht länger aufschieben: Wir müssten uns etwas überlegen. Der Vater bewältige sein Leben nur noch, weil er es auf Zettel schreibe, an die er sich klammere, buchstäblich, mit den Fingern, getrieben von der beständig-schaurigen Angst, etwas zu vergessen, einen Fehler zu machen.

Was erlaubt sich der Doktor, dachte ich, er sollte besser die Blutwerte im Blick behalten, die nämlich hatten sich verschlechtert.

Noch entrüsteter war mein Vater selbst. Mal was vergessen – wer kenne das nicht, im Alter? Die Karte mit der Nummer des Neurologen, den der Hausarzt als »verständnisvoll« empfohlen hatte, legte er in eine Holzkiste. Schon damals war sein Haus, unser Familienhaus, in dem er inzwischen allein lebte, voller Kisten, und sie schienen sich mit inzestuöser Fruchtbarkeit zu vermehren. In den Kisten deponierte er Dinge, die er für wichtig hielt, mit denen er aber nichts Konkretes anzufangen wusste.

Nach und nach wurde das fast alles.

Ausrangierte Rasierköpfe, sorgfältig in Klarsichttüten verpackt und mit Datum versehen, lagerten ebenso darin wie die fettverschmierten Kassenzettel der Dorfmetzgerei, die die Preisentwicklung für Aufschnitt über die letzten Jahre belegten. Dazwischen Objekte, die offiziell als wichtig anzusehen waren: ein Ausweis, ein Geldschein, eine Rechnung und die Mahnungen, die auf ihre Nummer Bezug nahmen. Mein Bruder und ich durchforsteten bei jedem Besuch das Haus nach Kisten und die Kisten nach ihrem Inhalt: um die amtlichen Wichtigkeiten von den subjektiven Wertgegenständen unseres Vaters zu trennen, um sie sicherzustellen und den Gang des Alltags, so gut eben möglich, aufrecht zu halten.

Ständig entdeckten wir neue Verstecke.

Die Kisten – sind sie die Szenerie des Anfangs? Ich erinnere mich an die Wut, die mich befiel, wenn ich zu jener Zeit durch Baumärkte ging und die Kisten auf ihren Präsentierflächen sah: klein, mittel, groß und eine Zwischengröße für Unentschlossene. Besonders die Zwischengröße fuchste mich, weil sie meiner Meinung nach die Leute köderte, die gar keine Kiste brauchten.

»Die Kisten«, schrie ich einmal in der Küche des Vaters, »haben das Unheil über uns gebracht.«

Mein Vater staunte über meine Verzweiflung und meine Theorie. Er lachte.

Oder begann es mit dem Tag, der sich eindeutig im Kalender einkreisen lässt, sich als Wendepunkt aufdrängt? In jenem Moment, der unsere Familie umkippte und ihr zumutete, in reduzierter Besetzung wieder aufzustehen? Ein paar Jahre, bevor die Kisten in unser Haus zogen, an einem gute Laune machenden Sonnenmittwoch im Dezember 2004, verunglückte unsere Mutter. Sie war mit dem Auto losgefahren und kam nicht zurück. Front gegen Front war sie mit einem Lastkraftwagen zusammengestoßen, ihr Ford Fiesta unter seine Räder gequetscht. Ohne Ankündigung und ohne Adieu hatte sie uns von einer Sekunde auf die nächste verlassen. »Im Kühlschrank steht noch ihr Salat«, sagte mein Vater, »was soll ich damit jetzt machen?« In seiner Stimme die Monotonie, die eine Frage zur Klage macht.

Anders, als wir befürchtet hatten, fand unser Vater zunächst in den Alltag zurück. Es war wohl ein Aufbäumen gegen das Aufgeben, ein Präventivschlag gegen das Sichgehenlassen, wenn man nach dreißig Jahren Ehe mit einem Mal allein ist. Er war einundsechzig, es half, dass er noch in der Kanzlei arbeitete, mein jüngerer Bruder noch bei ihm wohnte. Als der ausgezogen war und unser Vater in den Ruhestand trat, nahm er seine Kräfte zusammen und bäumte sich ein zweites Mal auf. Er war siebenundsechzig, buchte

Reisen, Kurse, Exkursionen. Er lernte sogar »das Internet«, schrieb mir zum ersten und einzigen Mal eine E-Mail. Doch die Dinge fielen ihm zunehmend schwer, körperliche Krankheiten des Alters kamen hinzu.

Von da an gab er sich mit immer weniger zufrieden. Stattdessen sagte er nun öfter, er sei alt.

»Du bist nicht alt«, entgegneten wir, noch blind, zählten Bekannte aus dem Dorf auf, die zehn Jahre älter waren und ein geselliges, geschäftiges Leben führten. »Nimm dir an denen ein Beispiel.«

Bis die Indizien dafür erdrückend wurden, dass mein Vater seine Erinnerung verliert, war Erinnerung für mich kein Thema. Sie existierte, funktionierte. Allenfalls schickte sie mir ein kurzes, zunickendes Lebenszeichen, weil sie besonders gut funktionierte. Mein Lateinlehrer am Gymnasium gestand meinen Eltern, er beneide mich um mein Gedächtnis. Sein eigenes, fehleranfälligeres habe ihn um eine akademische Laufbahn betrogen. Beim täglichen Vokabelabfragen sparte er mich fortan aus, mit der Folge, dass ich für den Unterricht nichts mehr lernte; vor den Klassenarbeiten musste ich alles nachholen. Später studierte ich Jura, wie mein Vater. Der Prüfungsstoff im Staatsexamen ist unüberschaubar; wie man beim Bäcker einen Kaufvertrag über ein Brot schließt, gehört dazu ebenso wie die Regeln, nach denen das Bundesverfassungsgericht über eine Anklage gegen den Bundespräsidenten wegen vorsätzlicher Verletzung des Grundgesetzes entscheidet.

Die Psychologie spricht vom »semantischen Gedächtnis«, das solche Dinge behält. Es speichert Informationen zum Abruf, abstrakt, ohne Kontext.

Das semantische Gedächtnis meines Vaters beeindruckt mich bis heute. Er wusste immer viel, und vieles davon ist noch da. Regelmäßig spiele ich mit ihm *Wer wird Millionär?* Es ist eine Sendung, die er mag. Ich habe einen Fragenfundus angeschafft, lese Karte um Karte vor, und wir lösen gemeinsam. »Wie heißt der Knabe, dem Wilhelm Tell den Apfel vom Kopf schießt?« Während ich überlege, ob ihn meine Stimme erreicht, weil er teilnahmslos in den Sessel gesunken scheint, sagt mein Vater in den Luftraum vor sich: »Walter.« Säße er in der Sendung, hätte er damit die Million gewonnen.

Sitzt er aber nicht.

Das semantische Gedächtnis hält meinem Vater, wie es scheint, am längsten die Treue, dabei könnte er auf seine Dienste am ehesten verzichten. Wichtiger, um durch den Tag, durch die Nacht zu kommen, ist das »prozedurale Gedächtnis«. Es speichert Bewegungen, Handlungsabläufe: Fahrrad fahren, tanzen, laufen. Es lässt meinen Vater immer öfter im Stich; zumindest kann er, was davon noch da ist, nicht mehr gut nutzen. Er steht vor seiner Zimmertür und weiß nicht, wie man die Klinke bedient. Er betrachtet das Bild, das seine Enkelin, meine Nichte, gemalt hat, es zeigt ihn und sie, zeigt uns alle, wir haben es an seine Tür gehängt, damit er sie findet. Laut liest er den Namen auf dem Schild vor, sagt: »Das bin ich.« Doch wie man die Tür öffnet, weiß er nicht. Es erstaunt und verunsichert ihn, wenn er erfährt, dass alles hinter dieser Tür sein Reich ist, sein Reich allein: sein Bett, sein Fernseher, sein Teppich, seine Stehlampe, seine Bilder, sein Badezimmer.

»Wo schläfst *du?*«, fragt er mich. »Und wo kann *ich* schlafen?«

Dass sein Sinn für die einfachen Alltagsverrichtungen weg ist, nicht mehr da, hat mich am meisten überrascht und mit einer Wucht, die ich nicht vorgeahnt hatte, von hinten getroffen. Ich hatte gedacht, Demenz heißt, ein paar Dinge zu vergessen, Namen, Gesichter, was es zu essen gab, Anekdoten aus dem Leben; traurig, aber auch liebenswert, der Alltag lässt sich schon meistern (wollen wir nicht alle in der Gegenwart leben und nicht in der Vergangenheit?). Ich hatte mir nicht vorgestellt, dass mein Vater einmal lebenswichtige Handlungsschritte nicht mehr würde ausführen können; einen Löffel zum Mund bringen, sich auf sein Bett legen, den Kopf drehen und jemanden anschauen: All das macht ihm Probleme, und es liegt nicht daran, dass die Mechanik seines Körpers versagt. Die Muskeln tun ihren Dienst und die Knochen und die Gelenke; es liegt daran, dass der Kopf das Konzept nicht findet.

Mein Vater und ich sehen uns alle ein, zwei Tage. Doch gestern haben sie mich weggeschickt. Ein Virusausbruch auf seiner Etage muss erst geklärt werden. In der Spätphase der Pandemie erscheint mancher Schreck gemildert; mich traf er voll. Am Vorabend hatte ich meinen Vater in schlechter Verfassung zurücklassen müssen, apathisch saß er im Stuhl, konnte nicht mehr den Kuchen essen, den er liebt. Nun das Kontaktverbot. Es war eingetreten, wovor ich mich gefürchtet hatte. Ich taumelte vom Empfang zurück auf die Straße; draußen, im Frost, vergrub ich mein Gesicht im Fahrradhelm, schluchzte hinein. »Es tut mir so leid«, sagte die Apothekerin, die Medikamente brachte, alles mitbekommen hatte.

Zurück in meiner Wohnung, fühle ich mich elend, schäbig, als hätte ich meinen Vater in hilfloser Lage im Stich gelassen. So muss er es empfinden, und dafür schäme ich mich vor ihm. »Wenn du hier bist, habe ich weniger Probleme«, hat er mir einmal gesagt. Ich stürme wieder nach draußen, gehe laufen im Park, nehme das Springseil mit, kehre zurück und sitze lange auf dem Bänkchen hinter der Wohnungstür, bis ich die Jacke, die Schuhe ausziehe. Ich betrachte den Zettel, den ich vor einiger Zeit bei meinem Vater gefunden habe, nachdem ich einmal einen Tag nicht kommen konnte. Mehrfach hat er angesetzt, lange muss er gebraucht haben, bis ihm zwei Sätze gelangen:

Volker Kitz wird aus Irrtum festgehalten. Bitte ändern.

Ich bin nicht allein. Die Sorge um die Eltern erfasst meine Generation. Wir sind die Generation X, zurzeit die größte in Deutschland, wir sind fast siebzehn Millionen. Unsere Eltern werden alt. »Kommen sie noch zurecht?«, fragen wir uns gegenseitig. Erzähle ich von meinem Vater, schauen andere getroffen, grübelnd. Freunde, Bekannte kehren vom Elternbesuch zurück mit einer aufwühlenden Ahnung: dass es »zu Hause« nicht mehr wie früher ist. Dass die Dinge funktionieren, aber nicht mehr lange. Dass sich etwas ändern muss. Bei einigen Müttern, Vätern wachsen Zeichen einer Demenz, wie Knospen, über die man hinwegsehen möchte, von denen man nicht weiß, was sie zeigen, wenn sie aufbrechen. 1,8 Millionen Menschen mit Demenz leben in Deutschland, über 1.200 kommen jeden Tag dazu. Bei anderen sind es andere Krankheiten, die Fähigkeiten schwinden lassen, das Denken, das Laufen, das

Lieben. Oder es ist »nur das Alter«. Das klingt beruhigend normal, doch bedeutet auch das den Eintritt in eine Zeit der Ungeahntheiten, in der sich Verantwortung verschiebt.

Nach dem Anfang, scheint mir, suchen viele.

Wir, die Kinder, machen scharenweise ähnliche Erfahrungen, während unsere Eltern alt werden: Zeichen erkennen, deuten, sich eingestehen. Konsequenzen aushandeln. Liebe und Streit; Verwandlungen verarbeiten. Bangen. Abschied nehmen. Sie betreffen nicht nur die Eltern, sondern auch uns, im Kern unserer Lebensgestaltung. Die schwindende Selbstbestimmung der Eltern greift auch unsere Selbstbestimmung an, ein Gut, das unserer Generation so unentbehrlich scheint.

Ich mache die Erfahrung nur zur Hälfte. Alt wird nur mein Vater. »Ich werde über hundert«, hat meine Mutter gesagt. Sie hat sich geirrt. Oft frage ich mich, wer es besser hat oder hatte, die Mutter oder der Vater. Die Frage ist Theorie. Sie hält mich von den Dringlichkeiten der Wirklichkeit ab, um die ich mich zu kümmern habe.

»Kümmern« ist jetzt ein Wort unserer Generation.

In meinem Arbeitszimmer laufe ich im Kreis und stelle mir vor, wie es mein Vater in seinem Zimmer genauso macht. Ich betrachte das Foto meiner Mutter. Ich schicke ihr Stoßgebete. Ich bitte sie, nicht ernst zu nehmen, dass sie ihm Treue nur bis zum Tod versprochen hat, bitte sie, auch über ihren Tod hinaus bei ihm zu sein, seine Hilflosigkeit zu lindern, wenigstens bis ich wiederkomme.

Bitte ändern.

Ich werde mich an diesen Tag im nächsten Jahr noch erinnern. Er wird in mein »episodisches Gedächtnis« eingehen. Es speichert Szenen unseres Lebens.

Mein Vater wird nächste Woche mit Erstaunen zur Kenntnis nehmen, dass ich mich gesorgt habe. Er wird sich nicht daran erinnern, wie er den Tag verbracht hat, ob er sich unbeschwert fühlte oder verzweifelt war, ob ich bei ihm war oder er mich vermisst hat. Auf meine Frage »Hast du zu Mittag gegessen?« wird er erst nicht reagieren, dann wird er sie vorsichtshalber verneinen. Er weiß die Antwort nicht, hat aber immer Appetit.

Seine Demenz durchkreuzt die Arbeit des Hippocampus, des Gehirnstücks, das seiner Form wegen Seepferdchen heißt. Das Seepferdchen arbeitet als Verzeichnisdienst, es legt Erinnerungen im semantischen und episodischen Gedächtnis an. Deshalb hat mein Vater Zugriff auf weit zurückliegende Inhalte, bildet aber keine Erinnerung mehr an das, was heute geschieht, was er gerade eben getan, was ihm vor wenigen Minuten jemand erklärt hat.

Im Leben meines Vaters, so stelle ich mir vor, gibt es alle paar Minuten einen Urknall. Immer wieder. Er kann nicht weiter zurückschauen als diese paar Minuten, und der Raum dahinter ist leer.

Ich wäre ruhiger, wenn ich wüsste, wie es angefangen hat.

Jede Krankheit bricht irgendwann aus. »Ausbruch« lässt an Krieg oder Vulkane denken, an ein für Chronisten geeignetes Format. Doch der Ausbruch der Demenz gilt als »heimtückisch«. Heimtücke ist ein Merkmal aus dem Mordparagrafen. Es bedeutet, dass das Opfer dem Täter wehrlos gegenübersteht, weil es arglos ist, weil es den Angriff zu spät bemerkt.

Die Krankheit, die Erinnerung zerstört, tarnt sich im Erinnerungsschleier. In Arno Geigers Schilderung *Der alte König in seinem Exil* habe ich mir Stellen angestrichen, an denen die Familie sich damit tröstet, der Vater habe immer seine Eigentümlichkeiten gehabt, im Alter verstärkten sie sich eben. So haben auch wir geredet. Die sozialen Kontakte gingen zurück? Der Vater hatte nie viele. Sein Interesse an der Welt nahm ab? Fußball schaut er doch noch! Dafür unternahm er sogar erstaunlich ergiebige Erkundungsreisen durch Programmzeitschriften, durch hundertvierzehn Fernsehkanäle. Er will seine Jacke jetzt gar nicht mehr ausziehen, weil das »einfacher« ist? Er war schon immer gegen »unnötigen Aufwand«. Wie Arno Geiger befällt mich heute »ein stiller Zorn über diese Vergeudung von Kräften«, darüber, wie wir augenverdrehend »wie immer« dachten, ohne zu merken, dass es längst nicht mehr *genauso* wie immer war.

Hat mein Vater den Ausbruch als heimtückisch empfunden wie wir? Oder spürte er, wie das Wasser stieg, redete bloß mit niemandem darüber, machte seine Ängste und Qualen mit sich aus? Nur manchmal, ich verorte es in der späten Anfangsphase, wenn er zum Beispiel den Inhalt eines Telefonats wiedergeben wollte, bekannte er bestürzt: »Ich bringe es nicht zusammen.« Dann sah er mir ins Gesicht und sagte: »Ist das nicht traurig?« Wahrscheinlich war das sein Versuch, über das Geschehende mit mir in Kontakt zu treten, und wahrscheinlich meinte ich es gut und machte es schlecht, wenn ich ihn mit der Lüge zu beruhigen versuchte, das gehe uns allen so.

Wenn ich ehrlich bin, sorge ich mich bei der Frage nach dem Anfang nicht nur um meinen Vater. Ich habe auch Angst um mich selbst. Fällt mir ein Name nicht ein, was zunehmend vorkommt, fragt mich die Stimme: Hat es angefangen? Ich überlege, was ich tun kann, um es abzuwenden. Ich komme mir vor wie jemand, der in der U-Bahn hastig eine Münze in den Fahrkartenautomaten wirft, obwohl ihn der Kontrolleur längst gesehen hat.

Auch mit dieser Angst bin ich nicht allein. Die Schriftstellerin und Neurowissenschaftlerin Lisa Genova ist mit *Still Alice* bekannt geworden, einem Roman über eine Harvardprofessorin, die gegen ihre Alzheimerkrankheit kämpft. Genova berichtet, wie sie nach öffentlichen Auftritten von Menschen eingekesselt wird, die sich sorgen. Um Angehörige. Meist aber um sich selbst.

In Deutschland gibt es eine Studie mit dem hässlichen Namen *Angst vor Krankheiten*. Sie ermittelt die Rangfolge der »am meisten gefürchteten«. Auf Platz zwei, gleich nach Krebs, kommt die Demenz. 49 Prozent der Männer und 58 Prozent der Frauen ängstigten sich im November 2021 davor, ihre Erinnerung zu verlieren. Selbst unter den 14- bis 29-Jährigen war es jeder Zweite.

Die Angst vor Demenz ist keine Angst, zu vergessen, was es zum Mittagessen gab. Es ist die Angst, sich selbst zu vergessen. Prognosen rechnen aus, dass sich mit steigender Lebenserwartung die Zahl der Demenzdiagnosen alle zwanzig Jahre verdoppelt, dass sie im Jahr 2050 weltweit bei 153 Millionen liegen wird. Dann bin ich nicht einmal so alt wie mein Vater heute. Werde ich dazugehören?

Ich wäre ruhiger, wenn ich wüsste, wie es angefangen hat.

Meine Suche nach dem Anfang ist der Versuch, Kontrolle zu gewinnen. *Zurück*zugewinnen, rede ich mir ein, als hätte ich sie gehabt. Ich flüchte mich in die Lektüre über Erinnerung; gerade die Erinnerung, lese ich, soll uns Überleben sichern, Orientierung geben. Deshalb erinnern sich wohl alle Lebewesen in irgendeiner Form. Der Nobelpreisträger Eric Kandel machte schon in den 1960er-Jahren sichtbar, wie die Meeresschnecke *Aplysia californica* ihre synaptische Architektur verändert, wenn man sie wiederholt an den Kiemen berührt. So kann sie ihre Reaktion anpassen und sich schützen.

Wir Menschen aber nutzen Erinnerung vermutlich auf einzigartige Weise. Davon geht der Soziologe Harald Welzer aus. Er betrachtet die Fähigkeit als »humanspezifisch«, mithilfe der Erinnerung »die eigene Existenz in einem Raum-Zeit-Kontinuum zu situieren«. Um uns zu orientieren, greifen wir nicht nur auf eigene Erinnerungen zurück. Lücken in unserem Gedächtnis füllen wir mit Informationen, die wir woanders beschaffen. Wie mit Greifarmen fassen wir, was wir bekommen können, hier einen Brocken, dort einen, führen verschiedene Aufzeichnungsformate in ein Mosaik zusammen, auf dem wir zu erkennen versuchen, wer wir sind, wo wir sind, wann wir sind. Wir nutzen Erinnerung zur Standortbestimmung, um in Raum und Zeit nicht verloren zu gehen. Nicht unterzugehen.

Ich versuche, meine Bruchstücke zusammenzutragen. Ich kann mich nicht erinnern, das Wort »Demenz« früher, als ich Kind war, gehört zu haben. Ich kann mich nicht erinnern, »Kommen sie noch zurecht?« in den Gesprächen der

Erwachsenen über ihre Eltern gehört zu haben. Denke ich zurück, sehe ich die älteren Menschen in unseren Dörfern, Urgroßmütter, Großväter, Tanten, auf Eckbänken, die Familien um sie geschart. Sie trugen selten zum Gespräch bei, und wenn, war es unverständlich. Das entsprach der Erwartung, fiel nicht auf; Oma ist verkalkt, warf jemand ein und lachte.

Im Nachbarort besuchten wir regelmäßig eine Großtante meiner Mutter, die alle »Tante Bettchen« nannten. Als Kind dachte ich, der Name sei entstanden, weil sie nur im Bett lag. Später erklärte mir meine Mutter, »Bettchen« komme von Elisabeth. Mein Bruder und ich saßen mit unserer Mutter in Elisabeths Zimmer, ab und zu öffnete sich die Tür, eine der anderen »Tanten« aus dem Haus steckte den Kopf herein und uns Schokolade zu. Ich meine mich zu erinnern, dass die Dame im Bett angeregt mit unserer Mutter sprach, fein formulierte. Sie war nicht »verkalkt«. Sie war anders krank oder »nur alt« und brauchte Hilfe. Ihr Anblick ist eines der starken Bilder, die in meine Kindheitserinnerung ein Idyll projizieren: Dass in jedem Dorfhaus wenigstens ein Familienmitglied umstandslos dazugehörte, das nicht allein zurechtkam. In jedem dieser Mehrgenerationenhaushalte war es meist eine Frau, die stillschweigend dafür sorgte, dass es »umstandslos« blieb.

Heute ist das nicht mehr so, auch nicht in meinem Heimatdorf. Die Eltern meiner Freunde bewohnen ihre Häuser allein. Zimmer stehen leer. Kinder sind, wie ich, ausgezogen. Wohnen sie noch in der Gegend, kommen sie mit Enkeln zum Kaffee, mehr nicht. Das dörfliche Mehrgenerationenhaus mit Eckbank ist ein Entwurf aus vergangenen Tagen.

Und wir, die Kinder, stehen jetzt in der ersten Reihe. Es gibt keine Puffergeneration mehr, die uns erlaubt, das Altwerden aus passiver Ferne zu beobachten, wie wir es bei unseren Großeltern konnten.

Wir sind in eine Zeit geraten, in der es schwierig geworden ist, Kontrolle zu spüren. Die Kontrolle, die unserer Generation so wichtig ist. Ungewissheit durchdringt unsere Leben wie das Wurzelnetz eines Waldes. Alles wackelt.

Vor wenigen Tagen, mit dem russischen Angriff auf die Ukraine am 24. Februar 2022, hat in Europa ein Krieg begonnen. Er offenbart, was wir verdrängt hatten: dass Tage ohne Luftschutzbunker nicht selbstverständlich sind. Die Pandemie hatte unsere Städte über Nacht und mit erschreckender Selbstverständlichkeit in Schauplätze verwandelt, wie wir sie nur aus Katastrophenfilmen kannten. Viele Menschen befiel Existenzangst, wie uns Schriftsteller. Die Buchhandlungen waren geschlossen, Lesungen abgesagt. Inzwischen hat das Kulturleben wieder begonnen, doch ein Teil der Besucher kehrt nicht zurück. Die Inflation steigt, Menschen fragen sich, ob sie frieren oder hungern werden. Ich erfahre, dass Freunde Wasserkanister füllen, falls ein Stromausfall, den sie jetzt »Blackout« nennen, die Versorgung mit Trinkwasser unterbricht. Wenn ich das Wort »Pflegenotstand« höre, wenn ich sehe, wie die »Residenz« meines Vaters darum ringt, Personal herbeizuschaffen, nur für diesen Tag und für diese Nacht, frage ich mich, ob wir auch in Zukunft darauf vertrauen können, dass uns die Gesellschaft in existenziellen Notlagen auffängt. Und über allem die Warnungen der Klimaforschung, auf welch schwierige äußere Lebensbedingungen wir zusteuern.

In diesen Tagen werden wir sogar daran erinnert, dass die Unsicherheit nicht nur vor uns ist, sondern auch hinter uns. Wenige Wochen nach dem Umzug meines Vaters nach Berlin startete das Weltraumteleskop James-Webb von der Erde ins Universum. Am 24. Januar hat es seine Umlaufbahn erreicht, eineinhalb Millionen Kilometer von der Erde entfernt. Die Welt wartet auf Bilder. Eine Frage taucht in den Zeitungen auf und wird es bis in die Fernsehnachrichten schaffen. Es ist eine Frage, die man sonst selten hört: »Woher kommen wir?« Ich halte inne, glaube zu spüren, wie viele andere es auch tun. Es ist einer der seltenen Momente, in denen wir nicht verdrängen, dass Unsicherheit uns von allen Seiten umgibt.

In diesem Strudel der Ungewissheiten packt mich das Beispiel meines Vaters hart. Als führte mir sein suchender Blick vor, wie orientierungslos wir alle sind, ohne es uns einzugestehen. Es ist eine wahrscheinlich unzulässige, aber in rührender Weise alltagspraktische Assoziationsleistung meines Gehirns, wenn es unter dem Bild meines Vaters in seinem kleinen Zimmer die großen Worte Martin Heideggers aufscheinen lässt, wir seien in die Welt geworfen. In die Welt geworfen, ohne gefragt worden zu sein.

Wie bin ich hierhergekommen? Was soll ich hier tun? Wie geht es weiter?

Wir sind in eine Zeit geraten, in der diese Fragen gegenwärtig wirken, überall. Wenn das Vertraute verschwindet, womit füllen wir das Nichts.

Wann immer seine Verfassung es zulässt, versuche ich, mit meinem Vater in Berlin unter den freien Himmel zu gehen. Jetzt, im Winter, brauchen wir Pullover, Schals und Mützen.

Obwohl mein Vater die Kälte fürchtet, geht er gerne nach draußen. Sein Radius ist klein geworden, aber er beobachtet genau, Kinder, Hunde, Fahrräder, Autokennzeichen, Plakate; es macht mir Freude, *ihn* dabei zu beobachten. In diesen Momenten wirkt er zufrieden. Manchmal hält er sein Gesicht in die Sonne, schließt die Augen, lächelt langsam und sagt: »Wie schön.« Oft spazieren wir durch einen der Parks in der Nähe, wir betrachten die Bäume und an ihnen das Vergehen der Jahreszeiten. Als mein Vater hier ankam, fielen noch Blätter, der Herbst war warm. Die Ahornblätter mochte er besonders. Er bückte sich, hob eines auf, begutachtete es, faltete es sorgfältig und bat mich, es für ihn aufzubewahren. An anderen Tagen bummeln wir an den Schaufenstern des Kurfürstendamms entlang, auch hier bleibt er mit Interesse stehen, studiert Möbel, Schuhe, Preislisten von Friseuren.

Manchmal gehen wir ein paar Meter über die großen Alleen mit den vielen Autos. In der Bundesallee, die früher Kaiserallee hieß, kommen wir an dem Haus vorbei, in dem vor hundert Jahren kurz der sowjetische Schriftsteller Viktor Šklovskij wohnte. Er hatte die russische Revolution erlebt, im Ersten Weltkrieg gekämpft und war über die gefrorene Ostsee nach Finnland geflohen. Währenddessen schrieb er seinen Essay »Die Kunst als Verfahren«. Darin formulierte er den Gedanken, dass wir vieles nicht richtig wahrnehmen, weil unsere Wahrnehmung automatisiert ist. Wir erkennen nur wieder, statt zu sehen: »Die Automatisierung verschlingt die Dinge, die Kleider, die Möbel, die Frau und die Schrecken des Krieges.« Damit wir wirklich sehen, »die Empfindung des Lebens wiedergewinnen«, müsse man den Dingen ein sperrigeres Gewand geben, eine »erschwerte Form«. Man müsse sie verfremden.

Betrachte ich meinen Vater, denke ich, es kann auch umgekehrt sein. Es ist zum Automatismus geworden, dass wir unsere Lebensfragen in die Verfremdung auslagern, vom Alltagsklein ins Theoriegroß, sie der Philosophie aushändigen, der Literatur, an Kierkegaard, an Kafka, an Beckett. An die Wissenschaft, an das James-Webb-Teleskop. Das sind attraktive Angebote, die Fragen dort zu belassen. Und uns zurück in die Kleinheiten des Alltags zu flüchten, wo sie vermeintlich keine Rolle spielen.

Jetzt aber hat mich die Zeit der Ungewissheiten erfasst. Das Beispiel meines Vaters stellt mich auf der Flucht.

»Welche Ortszeit hast du?«, fragt er mich. Lässt sich der Versuch, »die eigene Existenz in einem Raum-Zeit-Kontinuum zu situieren«, besser in einem Wort verdichten?

Wie bin ich hierhergekommen? Wie geht es weiter? Diese Fragen stellen sich für meinen Vater in seinem Zimmer, auf einmal, im Wortsinn, direkt. Die fundamentalen Verunsicherungen sprießen hoch, im eigenen Abendbrot, im eigenen Bett, unverschämt unverfremdet. Sie machen »den Stein steinern«, wie Šklovskij sagen würde, in einer Zeit, in der alles auf dem Prüfstand steht.

Ich wäre ruhiger, wenn ich wüsste, wie es angefangen hat.

»Wir alle scheinen einen Zwang zu teilen, den Anfang von Handlungen zu beschreiben«, notiert Jack Hart.

Ich finde den Anfang nicht.

Meine Beschäftigung mit Erinnerung fördert Erkenntnisse zutage. Doch sie ist Durchgangsstadium, das spüre ich. Die wahren Fragen lauern dahinter, darunter. Wollen mich fressen. Es sind die Fragen, die meinen Bruder und mich davon abhalten, »die Residenz« zu nennen, was sie ist. Ich werde mich den Fragen ergeben müssen, die kein Fachbuch beantwortet, keine Broschüre über Pflegenotstand, keine gesundheitspolitische Debatte. Sie liegen im Persönlichen, in der Beziehung zu meinem Vater, »Ambivalenzen der Sorge«, wie es die Literaturwissenschaftlerin Ulrike Vedder nennt. Langsam, vorsichtig, Schicht für Schicht, wie man einen archäologischen Fund freilegt, dessen Wert und Zerbrechlichkeit man nicht kennt, werde ich mich an ihnen abarbeiten müssen: Wie löse ich mich von der Illusion des Immer-weiter-so? Welche Zeichen muss ich erkennen, welche Entscheidungen darf ich treffen? Welche *muss* ich treffen, gegen Vaters Willen? Wie behalte ich Zugang zu ihm, teile Schmerz, Freude, pendle in seine Welt – ohne meine verdorren zu lassen? Wie kann ich ihm helfen, letzte Lebensaufgaben aufzuarbeiten, in der Zeit, die uns bleibt? Wie bereite ich mich selbst auf die existenziellen Augenblicke vor, die kommen werden? Wie begegne ich meiner Unzulänglichkeit?

Ich will die Geschichte einer Zukunft erzählen, in der wir füreinander da sind in einer veränderten Welt, ohne Eckbank und Mehrgenerationenhaus, mit ihren Ungewissheiten. Einen Generationenvertrag, der uns beschützt, nicht kaputt macht. In dem auch für mich, der keine Kinder hat, jemand da sein wird. Welches Stück dieser Zukunftserzählung können wir für die Gegenwart verwenden? Ein Stück, in dem ich in einer modernen Gesellschaft meinem Vater beistehe ohne das ständige Gefühl, es reicht nicht, ohne mich in Abhängigkeit und Schuld zu verstricken.

Das sind Fragen, auf die ich Antwort brauche.

SAMMELN, BEWAHREN

Unsere Mutter hinterließ, als sie starb, auf ihrem Nachttisch einige Gegenstände: ein Familiengebetbuch mit starken Gebrauchsspuren, eine zusammengeklappte Brille, eine Lampe mit Stoffschirm und Kabeldruckschalter sowie eine Blechdose, in der sie den wenigen Schmuck verwahrte, den sie besaß. Das waren vor allem zwei Ketten, eine mit Steinen, die sie oft trug, und eine goldene, die ihr mein Vater, sonst kein großer Schenker, im Jahr zuvor zum fünfundsechzigsten Geburtstag gekauft hatte; »das ist doch viel zu teuer«, hatte sie erschrocken gemurmelt.

Fünfzehn Jahre verharrten diese Gegenstände nach ihrem Tod auf dem Nachttisch, als wären sie selbst gestorben; sie formten ein Stillleben, dessen Anordnung niemand zu stören wagte, und Jahr über Jahr wuchs das Stillleben um eine Staubschicht, wie ein Baumstamm Ring über Ring seinen Durchmesser weitet. Der Staub machte die Brillengläser undurchsichtig und verschneite das Gold der schweren Fassung. Abend für Abend schlief mein Vater neben der Anordnung ein und wachte Morgen für Morgen neben ihr auf. Irgendwann verschwand das Stillleben von einem Tag auf den anderen.

Über die Jahre veränderten sich meine Gefühle gegenüber den Gegenständen in dem Haus, in dem ich aufgewachsen war, und erst heute, im Rückblick, erkläre ich es mir damit, dass die Gegenstände selbst immer wieder ihre Bedeutung verändert haben.

Am Anfang war es Überforderung; wohin auf die Schnelle mit den Sachen eines Menschen, der plötzlich nicht mehr da ist? Man macht sie nicht einfach zu Müll, man hat ohnehin viel zu tun, so blieben sie, wo sie waren. Später, als in das Haus ein Alltag zurückkehrte, der Tod aber noch jung war, gebot die Pietät gegenüber der Verstorbenen, nichts anzurühren.

Als die Pietätsfrist verstrichen war, wurden die Gegenstände zu Objekten der Erinnerung. Sah ich die Brille auf dem Nachttisch, dann sah ich in der Erinnerung meine Mutter auf ihrer Doppelbettseite, die Decke immer bis zum Hals, heraus ragten nur der Kopf auf dem Kissen und zwei Hände, die ein Buch hielten. Mein Schlafzimmer war nebenan, abends klopfte sie zweimal schnell hintereinander gegen die Wand, es klang wie ein Geheimzeichen und war ihr Gutenachtgruß an mich, wenn sie Buch und Brille weglegte und sich auf die Seite drehte. Kam ich nach ihrem Tod zu Besuch, hörte ich das Klopfen in meiner Erinnerung.

Wie oft mag mein Vater, vor dem Einschlafen, nach dem Aufwachen, mitten in der Nacht, das Erinnerungsensemble betrachtet haben? Was mag er gesehen haben, gehört, gerochen?

Die Phase, in der die Gegenstände Erinnerungsobjekte waren, nahm die meisten der fünfzehn Jahre ein. Irgendwann aber ging auch diese Ära zu Ende. Es kam der Zeitpunkt, an dem sich das Stillleben von seinem Verweis auf die Vergangenheit löste und in einen unscharfen Hintergrund trat, wo es endgültig zum Staubfang und Störelement wurde. Da hätte man den Nachttisch räumen müssen. Dass mein Vater auch jetzt nichts anrührte, erkläre ich mir mit Bequemlichkeit. Zum Glück willigte er irgendwann, viel, viel später, ein, wenigstens an einem Vormittag in der Woche eine Putzhilfe ins Haus zu lassen. Auch sie tastete den Tisch der Toten lange nicht an.

Eines Tages aber war der Nachttisch geräumt und gesäubert. Die Putzhilfe hatte uns nicht gefragt. Sie hatte auch nichts entsorgt. Sie hatte einen Weg gefunden, mit den Gegenständen umzugehen, die Erinnerung verkörperten. Sie hatte sie an einen anderen Ort im selben Haus geschafft: Sie stehen jetzt auf der Treppe zum Dachboden. Wir können alles hervorholen, wann immer wir wollen. Aber es stört nicht mehr und staubt nicht mehr.

Damals musste ich an ein Museum denken. Es kam mir vor, als hätten wir die Sachen unserer Mutter von der Ausstellung ins Depot geschafft, damit man die Ausstellungsfläche neu nutzen konnte.

Der Museumsvergleich drängt sich auf, denn unser Familienhaus ist alt. Das geschmiedete Balkongitter trägt die Initialen meines Opas, des Vaters meiner Mutter, und die Jahreszahl »1937«. Er hat das Haus gebaut, die Familienheimat begründet, in einer Zeit, in der noch Pferdegespanne über die Dorfstraße fuhren; so hat es unsere Mutter erzählt. Mit vier Geschwistern, drei Brüdern und einer Schwester, wuchs sie in dem Haus auf, dessen Garten sich zu allen Seiten erstreckt. In einem Zimmer gleich hinter dem Eingang befand sich das erste Büro des Familienbetriebs meines

Opas. Es war ein Granitsteinbruch im Odenwald, den die Familie meines Onkels heute als viel größeres Unternehmen fortführt; auch sie wohnte einmal in dem Haus. Klopft man gegen die Wand hinter der Garderobe, hört man das Holz, das unter der Tapete die Türöffnung von damals verdeckt. Als Kinder haben wir in einem Einbauschrank auf dem Dachboden Gasmasken aus dem Zweiten Weltkrieg gefunden.

Drei Jahre nach meiner Geburt zogen wir in das Familienhaus. Es war jetzt auch das Haus meines Vaters. Der Wald wenige Minuten entfernt war jetzt auch der Spazierwald meines Vaters; die Rehe, die wir dort beobachteten, waren auch seine. Das Moos, das wir in diesem Wald sammelten, lagert in den Kisten mit den Krippenfiguren auf dem Dachboden. Der Schreibtisch, an dem ich meine Hausaufgaben machte und in dessen Schublade ich mein erstes Sparbuch in einer Geldkassette aufbewahrte, lehnt zerlegt in der Garage. Man muss aufpassen, dass man ihn mit dem Auto nicht streift.

Viele Jahre war unser Haus ein unhinterfragter Ort des Sammelns und Bewahrens gewesen. Ich war vor dem Tod unserer Mutter ausgezogen, nach Abitur und Zivildienst. Doch unser Vater bewohnte das Haus weiter, die Rehe im Wald beobachtete er nun alleine, und im Obergeschoss sind die Zimmer für meinen Bruder und mich bis heute eingerichtet. Das Haus war Anlaufort der Familie geblieben, und wir besuchten unseren Vater regelmäßig.

Im Jahr 2020, als die Pandemie begonnen hatte, verdichteten sich für mich erstmals Hinweise darauf, dass es nicht immer so weitergehen würde. Ein Ausnahmezustand hatte eingesetzt, den niemand für möglich gehalten hatte. Wir reisten monatelang nicht zum Vater. Reisen war nicht verboten, aber es galten zahlreiche, sich ständig ändernde Einschränkungen. Vor allem wollten wir unseren Vater nicht anstecken. Überall wurde davor gewarnt, Menschen aus »vulnerablen Gruppen« zu treffen. Unser Vater war in mehrfacher Hinsicht »vulnerabel«, wegen seines Alters und seiner Krankheiten. Im Jahr zuvor hatte er eine künstliche Herzklappe bekommen und Stents, sein Blutdruck war hoch. Inzwischen war er auch zu dem Neurologen gegangen. Erst vorsichtig, dann immer deutlicher, hatte der Neurologe eine Diagnose gestellt. Sie lautete: »dementielles Syndrom«. Mein Vater bekam nun Donepezil, eines der wenigen Medikamente zur Behandlung von Demenz. Doch der Arzt dämpfte die Hoffnung. Die Tablette, eine am Tag, heile Demenz nicht und halte sie nicht an. Sie verlängere nur den Zeitraum, in dem jemand eigenverantwortlich dort wohnen bleiben kann, was er Zuhause nennt: »Im Durchschnitt um einundzwanzig Komma vier Monate.«

Nur an seinem Geburtstag hatten wir unseren Vater zu besuchen gewagt. Es war Sommer, wir nahmen einen Mietwagen, wohnten im Hotel und trafen uns mit dem Vater auf seiner Terrasse. Durch das Küchenfenster beobachtete ich, wie er seine Tabletten ordnete, zählte, schluckte. Er brauchte sehr lange. Es beunruhigte mich.

Danach reiste ich alle zwei Monate für eine Nacht an, betrat das Haus mit Schutzmaske, wir aßen an getrennten Tischen; Kontrollbesuche, kaum soziale Ereignisse.

Der Vater trat aus Angst vor Ansteckung kaum noch auf die Straße. Er ging nicht mehr zur Kirche. Er ging nicht mehr zu seiner Sportgruppe. Er ging nicht mehr in den

Supermarkt. Wie viele ältere Menschen hatte ihn die Pandemie isoliert. Damit er nicht einkaufen musste, bestellte ich Essen auf Rädern. Auf diese Idee kamen in jenen Ausnahmemonaten viele, massenhaft schienen Menschen jetzt zu bemerken, dass sie mehr Hilfe brauchten, als sie sich eingestanden. Die Kapazitäten der Unternehmen waren begrenzt, erst nach einigen Anläufen hatte ich Glück. Jeden Mittag wurde meinem Vater nun ein warmes Essen in einer Styroporkiste vor die Haustür gestellt. Es *wurde* gestellt, im Passiv, denn ein handelnder Mensch trat für meinen Vater nicht in Erscheinung. Manchmal klingelte der Bote, manchmal vergaß er es. Er fuhr weg, bevor mein Vater öffnete. Persönlicher Kontakt war aus Sicherheitsgründen zu vermeiden. Mein Vater blieb allein.

Die Isolation wirkte. An manchen Tagen legte sie sich auf seine Fähigkeiten wie ein böser Zauber. Es kam nun vor, dass ich bei meinen Kontrollbesuchen den Rasierapparat im Kühlschrank fand. Es kam nun vor, dass er alle Brillen im Haus zusammentrug, die aktuelle Brille, alte Brillen, Ersatzbrillen, sie nebeneinanderlegte und fragte: »Was mache ich damit?« Es kam nun vor, dass er mir die Fernbedienung zeigte und fragte: »Wozu ist das da?« Es kam nun vor, dass das Telefon klingelte und er ein Brillenetui ans Ohr hielt und hineinsprach.

Was sich bei meinem Blick durchs Fenster angekündigt hatte, trat ein: Er saß vor den Medikamentenschachteln und einem Glas Wasser, rief uns an: »Was mache ich mit den Tabletten?« Noch einige Zeit versuchten mein Bruder und ich, unseren Vater über das Telefon durch die Handgriffe zu führen: morgens sieben Tabletten, abends vier. An manchen Tagen brauchten wir zwei Stunden. Ich fragte den

Arzt nach einem ambulanten Pflegedienst; wir könnten damit anfangen, sagte er, doch es gebe kein Zurück. Morgens und abends fuhr nun ein kleines Auto vors Haus. Beim Betreten streiften sich die Pflegerinnen und Pfleger einen Schutzanzug über, sie sahen gespenstisch aus, wie Wesen, von denen man hoffte, sie würden bald wieder gehen. Und das taten sie. Sie gaben dem Vater die Medikamente und fuhren ab. Der Arzt riet uns dringend, einen Antrag bei der Pflegeversicherung zu stellen.

Noch waren die Tage nicht gekommen, in denen sich die Dinge zuspitzten und grundlegende Entscheidungen forderten. Doch ich spürte, dass mich eine Einsicht verfolgte, die mich belagerte und unaufhaltsam auf mich vorrückte: dass die Zeit des Sammelns und Bewahrens zu Ende ging.

Der tschechische Museologe Zbyněk Z. Stránský hat sich mit der Frage befasst, warum wir Dinge sammeln und bewahren wollen. In den 1960er-Jahren überlegte er, was die Museumswissenschaft erforschen sollte. Er war der Meinung, das Museum sei nur Mittel zum Zweck, eben der Ort zum Aufbewahren und Ausstellen. Die Museumswissenschaft müsse sich mit dem Zweck selbst beschäftigen. Diesen Zweck nannte Stránský »Musealität«. Er beschrieb sie als »wertende Beziehung des Menschen zur Wirklichkeit«. Nach Stránský weckt diese wertende Beziehung zur Wirklichkeit in uns den Wunsch, ausgewählte Gegenstände zu sammeln und zu bewahren, sie als Zeugnisse bestimmter Sachverhalte zu benutzen, sie auszustellen und anzuschauen. Was wir bewahrenswert finden und was nicht, hängt demnach von unserer Beziehung zur Wirklichkeit ab. Daraus entstand die Forderung, dass ein Museum ein Sammlungskonzept braucht. In eine Sammlung aufgenommen werden Gegenstände, die zu einem Interessenbereich des Museums gehören, repräsentativ sind, sich erhalten und ausstellen lassen. Sie müssen die Sammlung sinnvoll ergänzen. Das Sammlungskonzept wird laufend aktualisiert.

Es ist wohl kein Zufall, dass die Sammlungskriterien der Museen auch auf die menschliche Erinnerung passen. Sie funktioniert ähnlich. Die Psychologie benutzt andere Begriffe: »phonologische Schleife«, »visuell-räumlicher Notizblock«, »sensorisches Register«. Damit beschreibt sie das Eingangssignal unseres Lebens, die Bilder, Töne und anderen Sinneseindrücke, die durch Augen, Ohren, Haut, Nase, Mund in uns strömen. Aber wir sind keine Kameras, die durchs Weltgeschehen fahren und aufzeichnen. Wir sind weniger. Die Psychologie kann beschreiben, wie wir aus dem Strom der Eindrücke nur fischen, was wir interessant finden. Das halten wir für wenige Sekunden im Kurzzeitgedächtnis. Nur wenn wir uns dann mit einer Information weiter beschäftigen, sie untersuchen, einordnen, benutzen, weil sie unsere Sammlung sinnvoll ergänzt, lassen wir ihr die Brücke zum Langzeitgedächtnis herunter.

Was wir behalten und was nicht, hängt von unserer Beziehung zur Wirklichkeit ab. Was nicht zu unserem Sammlungskonzept passt, lassen wir zurück. Es passt vielleicht woanders.

Das Sammlungskonzept meines Vaters war seit jeher breit angelegt. Er interessierte sich für viele Themen, Geschichte, Geografie, Politik, Physik, Fußball, Unterhaltung. Zu allem wusste er etwas, und er konnte zu allem etwas sagen.

Auch wenn er, zumal in Gesellschaft, nicht mitteilsam war, navigierte er gewandt durch Gespräche, bei denen es im einen Moment um Karl den Großen ging, im nächsten um Karl May und im übernächsten um Lady Gaga; zu jedem Betreff platzierte er ein bis drei Sätze, auf keinen Fall ein Wort zu viel. Seine Sätze waren präzise und klangen korrekt, fast nie zweifelte jemand eine Aussage meines Vaters an. Obendrein unterhielt er gelegentlich mit trockenem Humor (»Kann ich Ihnen etwas zu trinken anbieten, Sekt, Wein, Bier?«, fragte ihn zum Beispiel einmal eine Gastgeberin. »Nein, danke.« »Ich habe auch Harmloses.« »Das erst recht nicht.«).

Auch bei den dinglichen Objekten war das Sammlungskonzept meines Vaters nicht eng gefasst. Gab es eine Broschüre in der Bäckerei oder einen Veranstaltungskalender im Theaterfoyer, faltete mein Vater ein Exemplar oder zwei und steckte sie in die Innentasche seines Sakkos. Nach jedem Museumsbesuch erwarb er mindestens einen Kunstdruck, ohne darüber nachzudenken, wo er ihn aufhängte. Er griff zu, wenn sich Kaufgelegenheiten boten bei diesem und jenem, das man aus seiner Sicht immer brauchen konnte, ein Sägeblatt, einen Wecker, Alleskleber, Vogelfutter.

Mit dem breiten Sammlungskonzept geht ein unbeirrbarer Bewahrungswille einher. Lange bevor man seine Krankheit dafür verantwortlich machen konnte, hortete mein Vater Zeug; »das kann man noch brauchen« war sein Mantra. Manchmal erfüllte sich diese Pauschalprophezeiung, dann wurde irgendwo ein Holzstück einer bestimmten Dicke, ein Gartenschlauchadapter, eine Sitzgelegenheit, ein Backstein oder ein Zeitungsartikel benötigt, und mein Vater verschwand in den Keller oder sonst wohin und tauchte mit dem Gesuchten wieder auf; »seht ihr«, sagte er mit Triumph in der Stimme.

Um sich in seinen reichen Sammlungen körperlicher und gedanklicher Objekte zurechtzufinden, bedurfte es eines Systems, eines Überblicks und einer Portion praktischer Fantasie, was man wo auf welche Weise nutzen konnte.

All das hatte mein Vater, damals.

Dass ein Sammlungskonzept nicht nur für die Aufnahme eines Objekts sprechen kann, sondern auch für seine Abgabe, ist in der Welt der Museen eine junge Erkenntnis. Etwas abgeben, das man für immer bewahren wollte, war dort lange ein Tabu. Erst in letzter Zeit gibt es darüber eine Diskussion. Sie hat einen eigenen Begriff für das Gegenteil des Sammelns geprägt: »Entsammeln«. In einem Leitfaden des *Deutschen Museumsbunds* habe ich Kriterien für eine Abgabe gefunden:

Ein Objekt passt nicht mehr zu den Interessengebieten des Museums, weil sich das Sammlungskonzept verändert hat.

Ein Objekt steht ohne Kontext da, der Bezug zur Sammlung ist unklar; man weiß mit ihm nichts anzufangen.

Ein Objekt ist irreparabel beschädigt, intakte Teile ohne Aussagewert.

Ein Objekt stellt eine Gefahr für Gesundheit oder Umwelt dar.

Ein Objekt ist eine Dublette.

Ein Objekt verliert sich im Gleichartigen, weil eine Sammlungsgruppe überrepräsentiert ist.

Als ich die Kriterien las, hatte ich den Eindruck, dass man so vielleicht auch die Regeln des menschlichen Vergessens, des Loslassens, beschreiben könnte, ohne sich davor fürchten zu müssen.

Auch hier benutzt die Psychologie eigene Begriffe. Sie können poetisch klingen wie die »Theorie des Spurenzerfalls«. Nach ihr verschwindet eine Erinnerung wie eine Spur im Sand, wenn man sich nicht mehr mit ihr beschäftigt, weil sie nicht mehr zum Sammlungskonzept passt. Sie können sachlich klingen wie die »Interferenztheorie«. Nach ihr stoßen alte Erinnerungen neue Eindrücke ab, wenn sie im Widerspruch zur bisherigen Sammlung stehen. Oder die neuen Eindrücke schieben die alten beiseite. »Motiviertes Vergessen« und Verdrängung sind psychologische Konzepte für Erinnerungen, die uns schaden.

Die Gedächtnisforschung kann vorhersagen, ob wir etwas behalten werden oder vergessen. Wir vergessen das Gewöhnliche, sagt sie, weil wir ähnliche Erlebnisse als Dubletten ausrangieren. Nur acht bis zehn Tage eines Jahres behalten wir im Gedächtnis. Je emotionaler ein Moment, desto größer die Wahrscheinlichkeit, dass wir uns noch in dreißig Jahren an ihn erinnern. Das gleichförmige Tal der Alltagsfreuden, Alltagssorgen, Alltagsangelegenheiten hingegen ist ein überrepräsentierter Sammlungsbereich.

Den ersten Kuss vergisst niemand; den schlechtesten auch nicht. Der zehnte, durchschnittliche ist nicht wichtig, wird gelöscht. Er macht den Großteil des Lebens aus.

Im Sommer des zweiten Pandemiejahres schienen sich manche Dinge zaghaft zu normalisieren. Nach einigen Anläufen, endlich, hatte ich meinen Vater in der Osternacht 2021 in das Impfzentrum fahren können, das im Nachbarort in einem Bürogebäude entstanden war. Wir hatten einen Termin um neun Uhr abends bekommen; sie lotsten uns über die Impfstraßen durch den Menschenstrom wie in ein neues Leben.

Und in gewisser Weise begann damit ein neues Leben. Wir besuchten unseren Vater nun wieder regelmäßig, übernachteten wieder in seinem Haus. Wir gingen wieder mit ihm in den Wald, beobachteten gemeinsam die Rehe. Mit seiner neuen Herzklappe lief er den Berg schneller hinauf als wir. Wir gingen wieder mit ihm zum Essen oder an den Badesee. Dort saß er zufrieden im Klappstuhl und schaute aufs Wasser, an dessen Ufer seine Enkelin spielte. Ich betrachtete ihn gerne in diesen Momenten. Wie er am Strand saß oder auf seiner Terrasse. Wie er schaute, als fehlte ihm nichts und als wünschte er nichts.

Heiße Tage reihten sich aneinander, als würde der Sommer kein Ende nehmen.

In diesem Sommer der Normalität setzte sich in meinem Körper ein Gefühl ab, schnell und plötzlich wie ein übergangsloser Herbst. Ich spürte, dass die Normalität ein Schein war. Ohne zu reden hatten wir uns eingeredet, unser Vater würde seinen Lebensabend in seinem Haus und Garten verbringen und eines Tages in seinem Bett sterben. Immer klarer wurde, dass sich diese Hoffnung nicht erfüllen würde. »Wenn Sie Pech haben, leben Sie noch zehn Jahre«, hatte der Arzt über seinen Schreibtisch unserem Vater ins Gesicht gesagt, dann hatte er gelacht. Er sprach aus, worüber wir nicht sprachen: dass der Vater diese Jahre nicht mehr in seinem Haus würde verbringen können, nicht mehr so.

In dieser Zeit verfestigte sich in mir das Gefühl, dass wir etwas verschleppt hatten. Etwas ignoriert, nicht bemerkt, nicht wahrhaben gewollt oder, wenn man es nachsichtiger formulieren wollte, fehlgedeutet. Dass wir, die Söhne, für diesen Fehler verantwortlich waren. Ich hatte den Eindruck, dass das Nichtwahrhabenwollen verbunden war mit einer Angst. Es war eine Angst vor dem Weggebenmüssen, dem Verlust.

Dabei konnte ich gar nicht sagen, worauf sich diese Angst bezog. Was immer mit unserem Vater geschehen würde, wo immer er sein würde, er wäre weiter da, seine Lebenserwartung war in der Tat noch beträchtlich. Das Haus würde weiter an dem Ort stehen, an dem es seit über achtzig Jahren stand. Wir würden nichts anrühren, in seinem Innern würde die Zeit stehen bleiben. Solange du lebst, würden wir zum Vater sagen, behalten wir das Haus, mit deinen Tellern und deinen Notizen und deinen Ersatzbrillen; du kannst jederzeit zurück. Es war die Wahrheit, und sie war eine Lüge.

Denn mein Vater war da, doch er veränderte sich. Ich würde ihn bald mit anderen Augen sehen müssen, in einer anderen Zeit, in einem anderen Kapitel unseres Lebens. Das Haus würde zum Geisterhaus werden, für Besuch kaum mehr Anlass bieten. Auch das Haus würde ich mit anderen Augen sehen müssen, ihm eine andere Funktion zuweisen in diesem neuen Kapitel.

Es war eine seltsame Schwelle, an der wir nichts und niemanden endgültig verabschieden mussten und hinter der doch einiges weg sein würde. Für manches würde ich einen neuen Platz finden müssen, und daran arbeitete ich in jenem Sommer der scheinbaren Normalität, ohne es zu wollen. Ich merkte, wie sich meine Gefühle zu unserem Familienhaus, zu meinem Vater veränderten wie damals zu den Gegenständen meiner Mutter nach ihrem Tod.

Ich las, welche Durchführungswege der Leitfaden für die Entsammlung eines Museumsobjekts nannte:

Rückgabe an einen früheren Besitzer, dem das Objekt zusteht.

Abgabe an ein Museum, zu dessen Sammlungskonzept das Objekt besser passt.

Tausch gegen ein anderes Objekt, das besser zum eigenen Sammlungskonzept passt. (Was meinen wir, wenn wir sagen, wir haben Erinnerungen »ausgetauscht«?)

Kann niemand das Objekt brauchen, wird es entsorgt.

Gefährliche Objekte oder solche, die nicht zu einer späteren Zeit mit falscher Fundortangabe erneut in den Sammlungskreislauf gelangen sollen, werden sofort vernichtet.

Nichts davon passte auf meine Situation.

In der Zeit des Übergangs kam im grauen Umschlag ein Brief der Friedhofsverwaltung. Es ging um das Grab mit der Nummer 02/1–173, gelegen an der Mauer auf dem Alten Friedhof in Darmstadt. Es war das Grab einer älteren Freundin meiner Mutter, die keine Angehörigen hatte. In der »Brandnacht«, beim Luftangriff auf Darmstadt im September 1944, hatte sie den Großteil ihrer Familie verloren. Als sie noch in ihrer Wohnung lebte, eine halbe Autostunde von uns entfernt, brachten wir ihr jedes Jahr im Dezember eine kleine Tanne im Topf mit Kugeln an den Zweigen und sangen Weihnachtslieder. Später kümmerten sich meine Eltern um die Pflege der Freundin, dann um ihr Grab. Sie starb, als ich aus unserem Familienhaus auszog. Nun war ihr Tod über ein Vierteljahrhundert her. Die Nutzungsfrist der Grabstätte sei abgelaufen, teilte das Amt mit, verbunden mit Anweisungen: Die Blumen seien samt Wurzeln auszuroden, der Kies und die Grabplatte mit dem Namenszug zu entsorgen. Die Auerbacher Steine und die Einfassung könnten bleiben. Setzungen seien »unter Verdichtung des Erdreichs« zu beseitigen. Oder wir verlängerten durch Zahlung einer neuen Gebühr die Nutzungsfrist um eine weitere Periode.

Mein Vater, mein Bruder und ich beratschlagten, was wir tun sollten. Ob wir nicht wenigstens noch einmal hinfahren sollten, bevor das Grab verschwand. Ich nahm es mir vor. Doch es blieb keine Zeit. Wir hatten so viel im Kopf, die Pandemie und der Vater beanspruchten die Aufmerksamkeit. Per E-Mail beauftragte ich eine Friedhofsgärtnerei, das Grab abzuräumen, für sie ein Routinegeschäft. Es tat mir leid.

Wieder wusste ich nicht zu sagen, was genau mir leidtat. Was wir verloren. Konnten wir nicht weiterhin zur Stelle an der Mauer kommen und der Freundin gedenken, die dort begraben war, auch wenn neue Namen auf dem Grabstein standen?

Die Toten, deren Liegefrist abgelaufen ist, haben mich schon immer beschäftigt. Für die niemand mehr Friedhofsgebühren zahlt, die auf keinem Grabstein mehr auftreten, keine Blumen mehr gepflanzt bekommen. Ich weiß nicht warum, aber schon als Kind musste ich an sie denken, wenn ich mit meinen Eltern über einen Friedhof lief. Mir kommt es vor, als stürben sie einen zweiten Tod. Erst scheiden sie aus dem Leben, dann aus dem Friedhof und unserer Welt, wechseln in das Reich der Vergessenen mit seinen eigenen Gesetzen, das noch tiefer liegt. Aber solange man weiß, wer wo begraben wurde, kann man die Stelle als Erinnerungsort nutzen; eine Frist läuft nicht ab.

Meine Faszination für die unsichtbaren Toten eines Friedhofs betrifft wohl denselben Kern wie meine Faszination für das Depot eines Museums. Im Depot lagern die Sammlungsobjekte, die nicht gezeigt werden, auf die es in der Ausstellung nicht einmal einen Hinweis gibt. Ich habe gelesen, dass sich je nach Museum bis zu neunzig Prozent des Bestands im Depot befinden. Manche Objekte sind nie gezeigt worden. Wenn ich durch ein Museum gehe, beschäftigt mich der Gedanke an diese Objekte oft mehr als der an die ausgestellten.

Von Widerwillen begleitet, ließ ich mir die Unterlagen der Pflegeversicherung schicken. Zu ihnen gehörte ein Fragebogen, der mehrere Seiten umfasste. Zum ersten Mal war ich gezwungen, eine systematische Bestandsaufnahme der Fähigkeiten meines Vaters zu machen. Die Fragen machten mir bewusst, wie schlecht die körperliche Verfassung eines Menschen werden konnte und wie gut die meines Vaters noch war. Dankbar gab ich an, dass »Positionswechsel im Bett«, »Halten einer stabilen Sitzposition«, »Fortbewegen innerhalb des Wohnbereichs« keine Probleme darstellten. Mein Vater lief Treppen, wusch sich und zog sich an, auch wenn er dafür inzwischen sehr lange brauchte.

Der Begriff der Pflegebedürftigkeit war in den vergangenen Jahren jedoch erweitert worden. Er sollte auch Menschen mit Demenz erfassen, die nicht bettlägerig waren und auf den ersten Blick keine Hilfe brauchten. In dem dafür vorgesehenen Feld notierte ich, was auf den zweiten Blick auffiel: »Seit Juli rapide Verschlechterung. Kann plötzlich Medikamente nicht mehr einnehmen. Auch Probleme mit anderen alltäglichen Verrichtungen wie Essen zerkleinern,

Verpackungen öffnen, Radio einschalten. Trinken nur mit ständiger Erinnerung. Schwierigkeiten, jahreszeitangemessene Kleidung zu finden und auszuwählen (z. B. kurze Hose im Hochsommer). Verlegt Dinge (Brille, Schlüssel) oder verwechselt sie. In Stresssituationen (z. B. vor einem Arzttermin) plötzlich Probleme, die Uhr zu lesen. Probleme, den Überblick über unterschiedliche Ereignisse an einem Tag zu behalten. Es fällt ihm schwer, Briefe zu verstehen oder Telefonate zu rekonstruieren. Stark eingeschränkte Sozialkontakte, aus eigenem Antrieb praktisch gar nicht. Gedankenkreisen.« Das Feld war voll.

Ich betrachtete die Seiten. Ich hatte kein gutes Gefühl dabei, sie abzuschicken. Indem ich diese Information hergab, schien mir, gab ich wirklich etwas weg, und es würde nicht zurückzuholen sein. Mit diesem Gefühl warf ich den Umschlag in den Briefkasten.

In den Monaten des Übergangs, in denen mir der Schein der Normalität bewusst wurde, ging ich, obwohl ich besonders wenig Zeit hatte, besonders ausdauernd einer Gewohnheit nach. Ich tat es bei den Besuchen im Haus meiner Kindheit, ich tat es in unserer Wohnung in Berlin. An beiden Orten hatte ich das Bedürfnis, an beiden Orten funktionierte es. Nach dem Aufwachen lag ich eine Weile im Bett. Ich schaute zum Fenster und ließ Phasen meines Lebens Revue passieren. Es waren Abschnitte, die sich gegeneinander abgrenzten, meist aus der Jugend und dem jungen Erwachsenenalter, die letzten Jahre im Elternhaus, das Studium, die ersten Monate des Arbeitslebens. Die Zeiten wurden lebendig, ich durchlebte sie, sah nicht mehr das Fenster, auf das ich schaute, vergaß, wo ich war und wann. Gelangte ich an das Ende eines Abschnitts, wusste ich, es war vorbei, Zeit, aufzutauchen. Dann kam ich zurück, fühlte wieder das Kissen im Nacken, hörte die Geräusche, spürte die Aufgaben, die für den Tag auf mich zukamen, und wusste: Die Realität, in der ich gewesen war, war Erinnerung.

Ich erlebte, was der Psychologe Endel Tulving als »mentale Zeitreise« bezeichnet hat. Damit meinte er, dass wir nicht nur *wissen*, dass wir einmal Kinder waren. Wir können uns daran *erinnern*. Wir können in konkrete Szenen einsteigen und sie nacherleben. Tulving ist ein Pionier der Erforschung des episodischen Gedächtnisses. Die Neurowissenschaft stützt seine Erkenntnisse inzwischen. Sie hat herausgefunden, dass die Erinnerung an ein Erlebnis die gleichen Aktivitätsmuster im Gehirn hervorruft wie das Erlebnis selbst. Für das Gehirn ist Erinnern ein Wiederdurcherleben. Deshalb lassen wir uns von einer Erinnerung mitziehen, wegziehen.

Jedes Erinnern trägt die Gefahr in sich, das Bewusstsein für die aktuelle Wirklichkeit zu verlieren. Die Kunstdidaktikerin Eva Sturm hat diese Gefahr in ihrem Text »Museifizierung und Realitätsverlust« beschrieben. Sie wird vor allem für perfekt rekonstruierte historische Areale diskutiert, in die man eintaucht wie in einen Erlebnispark. Leicht wähnt man sich in der Vergangenheit und vergisst die Wirklichkeit, aus der man zurückschaut.

Sturm hat sich damit beschäftigt, wie wir unsere Haltung zu einem Objekt verändern, wenn wir es musealisieren. Wir nehmen, schreibt sie, »eine Gebärde der Besichtigung« ein. Das Objekt wird aus seinem ursprünglichen Kontext gelöst und in eine neue Zeit gestellt, eine neue Umgebung, eine neue Wirklichkeit. Es dokumentiert eine Wirklichkeit in einer anderen. Wir betrachten eine Wirklichkeit in einer anderen.

Wegen der Pandemie fanden persönliche Untersuchungen nicht statt. Die Ärztin, die den Vater begutachten sollte, rief ihn an. Mein Vater berichtete mir, er habe »dieser Frau« mitgeteilt, dass alles in Ordnung sei. Dass er gut zurechtkomme.

Die wenigen Sätze, die sie mit ihm wechselte, genügten ihr, um das Gegenteil festzustellen. Zwei Tage später kam der Bescheid. Mein Vater war in Pflegegrad drei eingestuft.

Fünf Pflegegrade gibt es. Die ersten beiden hatten wir übersprungen, ohne es zu merken, ohne es merken zu wollen. »Da sehen Sie mal«, sagte die Mitarbeiterin seines Arztes zu mir, die auf die Begutachtung gedrängt hatte. Zwei Pflegegrade lagen vor uns. Wir befanden uns in der Mitte des Geschehens. In der Gegenwart, welche die Mitte zwischen Vergangenheit und Zukunft ist.

Der Gedanke vom Depot gefiel mir. Er fühlte sich als Bild in meinem Kopf brauchbar an im Zusammenhang mit dem, was ich nicht abgeben wollte und nicht abgeben musste und das sich doch veränderte. Wenn unsere Beziehung zur Wirklichkeit bestimmt, was wir sammeln und was abgeben, dann bestimmt sie auch, was wir ausstellen und was im Depot lagern. Im Depot unserer Erinnerung.

Vielleicht sind im Depot die Objekte, die wir bewahren, aber nicht ständig sehen wollen oder können. Oder Objekte, die besonders wertvoll und empfindlich sind. Oder solche, von denen wir überlegen, uns zu trennen. Sie sind weg, aber da.

Das Depot ist der Ort zwischen Behalten und Abgeben. Was dort steht, steht der Erinnerung zur Verfügung – vorausgesetzt, man weiß, dass es existiert und an welchem Standort man es findet. Wie ich weiß, wo unser Familienhaus steht und dass die Gegenstände unserer Mutter dort auf einer Stufe zum Dachboden ihren Standort haben.

Vielleicht, dachte ich, musste ich nicht so viel abgeben. Vielleicht konnte ich loslassen, ohne zu verlieren. Zeiten, Orte, Liebgewordenes. Ich konnte es ins Depot stellen, erst einmal.

Während der Sommer fortschritt, sich in Herbst wandelte, versuchte ich, gegenüber dem, was war und nicht mehr so sein würde, eine »Gebärde der Besichtigung« einzunehmen.

UNSICHER

In den Wochen nach dem Tod unserer Mutter fanden wir auf den Granitstufen vor unserem Haus manchmal Essen. Leute aus dem Dorf hatten es dort abgestellt, Kuchen, Brote, sogar Vorgekochtes in Plastikdosen. Eine ältere Dame hatte für meinen Vater, meinen Bruder und mich Socken aus schwerer Wolle gestrickt, jedes Paar in Pergamentpapier geschlagen und unsere Vornamen darauf geschrieben. Ich trage ihre Socken noch heute in kalten Nächten. Am Sonntag lud uns der Pfarrer mit seiner Haushälterin zum Mittagessen ins Pfarrhaus; dort gab es auch Wein.

Wenn eine Mutter stirbt und nur Männer zurücklässt, dachten die Leute, verhungert die Familie. Denn nur eine Mutter weiß, wie man kocht.

Sie meinten es gut. Sie wussten nicht, dass unser Vater sich mit der Mutter abgewechselt hatte. Vor allem sonntags, wenn unsere Mutter nach dem Kirchgang noch mit den Leuten aus dem Dorf sprach, ging er nach Hause, band sich die Schürze um und schnippelte und schnetzelte, schlug Soßen, briet an, würzte nach, während sich das Summen der Dunstabzugshaube mit dem Klassikkonzert aus dem

Radio mischte. Wollten wir die Salatschüsseln zum Esstisch tragen, hob er den Zeigefinger: »Da fehlt noch was!« Dann krönte er die Blätter mit einer Peperoni in einer raren Farbnuance, mit einem Aprikosenschnitz oder einer anderen Besonderheit, die er zurechtgelegt hatte.

Auch an Samstagabenden bekochte uns oft unser Vater. Mein Bruder und ich saßen neben unserer Mutter auf dem Sofa und warteten auf die Eurovisionshymne. Ertönte ihr Anfang aus dem Fernseher, stieß unser Vater mit dem Fuß die Tür auf, in beiden Händen Teller mit selbst gemachten Hamburgern, die er uns eilig an die Plätze stellte, damit nichts kalt wurde. Regelmäßig probierte er Neues aus.

Er selbst aß immer zuletzt.

»Ich höre, es schmeckt euch«, sagte er, und wenn wir stumm weiteraßen, noch einmal sehr deutlich: »Es schmeckt euch wohl.« Er klang enttäuscht, denn er, der nicht zu Gefühlsausbrüchen neigte, hatte sich mehr Begeisterung erhofft.

Später, als er allein lebte und die Krankheit schon bei ihm war, kaufte unser Vater weiterhin wöchentlich ein, bei der Bäckerin, beim Metzger, beim Obstmann, der seinen Stand auf dem Dorfplatz neben der Sparkasse aufschlug. Die Leute sahen unseren Vater nach Hause laufen, seine Schultern von der Last gefüllter Stoffbeutel nach unten gezogen; »versorgt er sich noch selbst?«, raunten sie uns zu, ihre Blicke alarmiert. »Natürlich«, sagten wir; dass er keinen Hunger litt, war offensichtlich, seine Hosen waren ihm nicht zu weit geworden, sondern zu eng.

Irgendwann aber verlor unser Vater seine Körpersubstanz. So schnell schwand sein Gewicht, dass er bei seinen Gängen durchs Dorf eine Spur der Abmagerung zeichnete.

Manche »in der Situation Ihres Vaters«, sagte der Arzt, vergäßen zu essen. Ausgeschlossen, entgegneten wir, die Mahlzeiten sind für unseren Vater bis heute tragende Säulen im Bauplan seiner Tage.

Und doch entging uns nicht, dass der Eisbergsalat und die Karotten und die Zucchini, die unser Vater Samstag für Samstag kaufte, immer öfter an ihrem Lagerplatz im Keller faulten. Dass sich in der Küchenschublade Plastikschalen mit Fertiggerichten sammelten, kleine Portionen, nichts für Vaters Hunger. Die vielen Packungen mit dem Toastbrot.

Es war einige Zeit vor Beginn der Pandemie, dass ich den Vater bei einem meiner Besuche in seiner Küche antraf. Ich weiß nicht, wie lange er dort schon am Fenster gestanden hatte. Er hielt eine Fünf-Minuten-Terrine in der Hand und starrte auf die Anleitung: Deckel öffnen, heißes Wasser aufgießen, umrühren. Ich stellte mich neben ihn und schwieg. Eine Weile standen wir so. Ich sah auf das Vogelhaus vor dem Fenster, das mein Vater gebaut hatte und in dem er im Winter Sonnenblumenkerne auslegte. Auf das kleine Dach hatte er Dachpappe genagelt, damit der Regen nicht ins Holz drang. Eine Amsel landete von rechts und fraß. Die Amseln mochte mein Vater besonders.

Schließlich nahm er seine Lesebrille ab und schüttelte den Kopf. »Das ist alles so furchtbar kompliziert.«

Er klang nicht traurig. Er klang ehrlich erstaunt darüber, wie andere das schafften. Und warum es keine leichtere Lösung gab.

In meinem Kopf hatte immer eine logische Vorstellung von familiärer Sorge existiert: Wenn Eltern älter werden, kommt irgendwann ein Moment der Übergabe. Das Gegenstück zu dem Tag, an dem die Eltern ihr Kind in die Selbstständigkeit entlassen, an dem sie sagen: »Jetzt weißt du, wie es geht. Machen musst du es selbst. Wir nehmen dir nichts mehr ab, auch nicht das Unangenehme.« Ich habe versucht, mir diesen Tag der Entlassung spiegelbildlich vorzustellen als Tag der Wiederaufnahme. Als den Tag, an dem das Kind zur Mutter, zum Vater sagt: »Ab jetzt mache ich es für dich. Denn du weißt nicht mehr, wie es geht.« Wenn der Tag naht, dachte ich, besprechen wir es und finden eine Lösung, in einer Familie, die sich versteht und füreinander da ist.

Ich hatte nicht damit gerechnet, dass die Schwierigkeit einmal in der Unmöglichkeit eines solchen Gesprächs liegen würde.

Der kurzen Zeit, in der mein Vater Hilfe zuließ, war eine lange Zeit vorausgegangen, in der das nicht der Fall gewesen war. Bis er seine Tür für die erste Essenslieferung öffnete, für die Haushaltshilfe, für den Pflegedienst, hatte er lange fruchtlos geschwiegen, allein gekämpft. Es war eine Zeit, in der er keine Hilfe wollte und keine annahm, sie aber bekam und bekommen musste. Nach außen lebte er unverändert in seinem Haus und versorgte sich selbst. Doch aufrechterhalten wurde dieses Bild von einer Konstruktion, deren Glieder aus Sorge, Ärger und Ungewissheit bestanden, deren Funktionsweise auf Geräuschlosigkeit beruhte und deren Erfolge Zufallstreffer waren. Diese Zeit erstreckte sich über Jahre, mit fortschreitender Intensität des Problems.

Unser Vater war nicht der einzige Witwer im Dorf, aber der jüngste. Andere bewohnten ihr Haus schon lange allein;

sie fuhren täglich ins Fitnessstudio, ihre Hecken waren geschnitten, hinter ihren Halbgardinen herrschte unauffällige Ordnung. Sie hatten sich vor langer Zeit eine Haushaltshilfe gesucht.

Nur unserem Vater schien nach und nach, eins nach dem anderen, alles zu viel zu sein. Und alles egal.

In jenen Jahren lag es außerhalb meiner Vorstellungskraft, dass jemand die Handgriffe seines Lebens, die eine ganze Familie durch die Jahrzehnte getragen hatten, plötzlich nicht mehr beherrschte. Sah ich ihn im Sessel, wo er inzwischen einen Großteil seines Tages verbrachte, fragte ich mich, ob unser Vater nur zu bequem geworden war. Es fiel auf, dass sich seine Aussetzer zuerst bei Dingen zeigten, die er nie gerne getan hatte, die niemand gerne tut, beim Bezahlen von Rechnungen, beim Aufräumen, beim Wäschewaschen. Alle paar Wochen schien etwas hinzuzukommen, das er nicht mehr zu tun, nicht mehr zu sehen beschlossen hatte. Briefe lagen im Haus verstreut, auf jeden Umschlag hatte er sorgfältig das Eingangsdatum geschrieben, wie er es als Rechtsanwalt gewohnt war; geöffnet hatte er keinen. Schmutzgeschirr sammelte sich auf der Spülmaschine, daneben saß unser Vater, im Sessel. Dass er all das nicht mehr konnte, war umso schwerer zu glauben, als sich die Krankheit körperlich nicht zeigte; er lief, bewegte sich, hatte keine Schmerzen.

Über Jahre versuchten wir ihn vergeblich davon zu überzeugen, eine Haushaltshilfe einzustellen. Wehrte er das Gespräch nicht sofort ab, wiederholte er die immer gleichen Argumente: Eine fremde Person habe in seinem Haus nichts zu suchen; eine, die er kannte, erst recht nicht. Vor allem wusste er nicht, um welche Unterstützung es gehen sollte. Für ihn gab es kein Problem. Er machte sich über Ärzte und Bekannte lustig, die fragten, ob er »eine Hilfe« habe. Er äffte sie mit verstellter Stimme und besorgtem Gesichtsausdruck nach.

Wortlos setzte er voraus, dass wir, seine berufstätigen Söhne mit eigenen Hausständen, aus der Ferne seinen Haushalt mitführten. Für uns bedeutete das ständige Anspannung und immer wieder Streit. Wir hatten zeitlebens den Familienkontakt gepflegt. Nach dem Tod unserer Mutter waren wir fast jedes Jahr mit unserem Vater in den Urlaub gefahren. Wir hatten zusammen Berge bestiegen und Fische durch Schnorchelbrillen betrachtet. Später war es uns gelungen, unsere Partner und wachsenden Familien in die Tradition aufzunehmen. Wie entfernt wir auch wohnten, alle paar Wochen reisten wir an, um uns zu sehen und miteinander die Zeit zu verbringen, die uns blieb. Hatte uns doch die Mutter gezeigt, dass sie kürzer sein konnte als gedacht. Nun waren unsere Besuche zu durchgetakteten Arbeitswochenenden verkommen, jeder hastete mit Scheuklappen durch seine Liste.

Es war eine Zeit der Einsamkeit nicht nur für den Vater. Es war auch eine Zeit der Einsamkeit für meinen Bruder und mich. Die Nachbarn dachten, es funktioniert, unser Vater dachte, es funktioniert. Wir beide fühlten uns wie in einer Höhle, in der wir mit niemandem darüber sprachen, dass *nichts* funktionierte.

Sah der Vater, wie wir Altpapier in den Hof schleppten, Flaschen wegfuhren und saugten und aufräumten und Post bearbeiteten, wurde er böse. Er schimpfte. Wir lernten, unsere Arbeiten im Hintergrund auszuführen, keine Spuren zu hinterlassen, wie die Heinzelmännchen zu Köln.

Wir schlichen durchs Haus, wenn der Vater mit Essen vor dem Fernseher saß, wir nahmen den Hintereingang und duckten uns vor dem Fenster, wir nutzten die Zeit, wenn er ein paar Tage im Krankenhaus lag – oder nachts, wenn er schlief. Erwischte er uns, weil er ein Rascheln oder Klirren hörte, stellte er sich in den Weg und rief: »Das kann ich selbst!«

»Ja«, fuhr ich ihn mehr als einmal an. »Aber du machst es nicht.«

Ich sagte solche Sätze mit fester Stimme, doch sobald ich mich umwandte, erfasste mich Unsicherheit.

Die Unsicherheit war das prägende Gefühl jener Zeit. Was konnte der Vater wirklich noch und was nicht mehr? Bis zu welchem Zeitpunkt war unser Ärger berechtigt und ab wann taten wir ihm unrecht? Ab wann überstiegen die Aufgaben seine Fähigkeiten in einem Maße, das er beim besten Willen nicht mehr kompensieren konnte?

Eines Sommers äußerte mein Vater den Wunsch, eine neue Kaffeemaschine zu kaufen. Ich suchte das einfachste Modell aus, das seinem bisherigen entsprach, keine zusätzlichen Knöpfe und Funktionen, sogar die Farbe war dieselbe. Ich hatte es in dem Elektromarkt in seiner Nähe bestellt, und als ich ihn besuchte, fuhren wir zusammen hin, um es anzuschauen. Die Verkäuferin hob das Gerät aus dem Karton und stellte es auf den Tisch. Es hatte eine Kanne, einen Filterkorb und einen Schalter. Mein Vater stand eine Weile davor. Er betrachtete es. Dann machte er eine kreisende Handbewegung und fragte: »Gehört das alles zusammen?«

Es dauerte einen Moment, bis mir klar wurde, dass mein Vater eine Kaffeemaschine nicht mehr würde bedienen können. Bis ich mir vorstellen konnte, dass so etwas möglich war. Ich sagte der Verkäuferin, wir würden es uns überlegen. Ihr Blick erfasste mich als Mischung aus Entsetzen und Verärgerung, während sie das Gerät schweigend zurück in den Karton senkte.

Ich kaufte meinem Vater einen Filteraufsatz für eine Tasse. Er konnte einen Papierfilter einsetzen, Kaffee einfüllen, Wasser aufgießen. Eine Weile funktionierte es. Dann wusste er auch damit nichts mehr anzufangen.

Er trank jetzt löslichen Kaffee, nur noch.

Die Entwicklung meines Vaters erschreckte mich. Ich wollte verstehen, was passierte. Ich erinnerte mich an etwas, das ich über Endel Tulvings mentale Zeitreise gelesen hatte. Tulving betont, dass wir Zeitreisen nicht nur in die Vergangenheit unternehmen, sondern auch in die Zukunft. Die meisten Menschen seien überrascht, wenn sie hörten, dass auch das Denken an die Zukunft eine Leistung der Erinnerung sei. Wir erinnern uns daran, wie wir etwas in der Vergangenheit getan haben, und stellen uns vor, wie wir es in der Zukunft tun. Unser episodisches Gedächtnis hat sich erst spät in der Evolution entwickelt. Tulving ist überzeugt, dass das allein aus diesem Grund geschah: damit wir unsere Zukunft planen können. Diese Fähigkeit »durchdringt das alltägliche Leben des Individuums, von früh am Morgen bis spät in die Nacht«. Sie hat uns laut Tulving einen entscheidenden Vorteil gebracht: Wir reagieren nicht nur auf unsere Umwelt, sondern können die Welt unseren Bedürfnissen anpassen. Das hat dazu geführt, dass wir Früchte nicht nur sammeln, sondern auch anbauen, Tiere nicht nur jagen, sondern auch aufziehen. Dass wir abstrakte Gebilde ersonnen haben wie den Staat, das Recht, das Geld, die Religion und die Kunst. All das wäre unmöglich ohne die Fähigkeit, ein Bild von uns selbst in der Zukunft zu erzeugen, ohne unsere eigene Geschichte in der Zukunft zu erzählen.

Das klang einfach. Der Soziologe Alfred Schütz jedoch hat herausgearbeitet, dass es nicht genügt, sich vorzustellen, wie man etwas tut. Um eine Handlung auszuführen, schrieb er, muss ich mir vorstellen, wie ich etwas *getan haben werde*. Ich muss mir ein Futur zwei vorstellen. Es ist eine Zeitform, deren Bauplan die Regeln der Zukunft mit denen der Vergangenheit mischt. Nur wenn ich mir ein Ergebnis meiner Handlung vorstelle, kann ich die Schritte rekonstruieren, die zu dem Ergebnis führen. Ich muss die Erinnerung in meiner Zukunft vorausdenken.

Diese Erinnerung nach vorn hat Edmund Husserl, auf den Schütz sich bezog, »Vorerinnerung« genannt. Sie erfordert einen Gedankengang, dem wir keine Aufmerksamkeit schenken, der aber gleich mehrfach auf unsere Fähigkeit zurückgreift, sich zu erinnern. Sie erfordert geistige Höchstleistung.

Wie ein Schlag mit flacher Hand traf mich das Verstehen ins Gesicht, und es schmerzte. Mein Vater konnte die Handlungen, die uns einfach erschienen, wirklich nicht mehr ausführen. Tulving, Schütz und anderen verdankte ich die Einsicht, dass diese Handlungen so einfach nicht waren. Sie alle setzten die Fähigkeit voraus, ein Futur zwei zu bilden.

Mein Vater kann sich bis heute eine Handlung in der Zukunft vorstellen. Er freut sich und sagt »Ja«, wenn ich ihn frage: »Hast du Lust, spazieren zu gehen?« Oder: »Sollen wir ein Eis essen?« Aber er kann sich nicht vorstellen, dass er etwas *getan haben wird*. Steht sein Abendbrot auf dem Tisch und ich sage: »Du kannst dich auf diesen Stuhl setzen«, fragt er: »Was versprichst du dir davon?« Er versucht im Stehen zu essen, was misslingt, worüber er sich ärgert und schimpft.

Er konnte sich schon damals nicht mehr vorstellen, wie es sein würde, einen Kaffeefilter eingelegt zu haben und Kaffee aufzubrühen. Deshalb konnte er nicht mehr entscheiden, *wie* er den Filter einlegen sollte, um das Ziel zu erreichen. Ihm war unmöglich geworden, was der Fragebogen der Pflegeversicherung das »Steuern von mehrschrittigen Alltagshandlungen« nannte.

Ich konnte nicht sagen, wann er die Fähigkeit verloren hatte. Aber ich konnte auch nicht mehr *nicht* verstehen, dass sie verschwunden war.

Mir wurde klar, dass mein Vater nicht zu essen vergaß. Er vergaß, wie man es anstellte.

Meine Erkenntnis hielt nicht die Zeit an. Die Dinge entwickelten sich weiter. So lange wie möglich hatten wir unseren Vater in seinem Haus wohnen lassen. Das entsprach seinem Willen, so viel hatte er uns mitgeteilt, auch wenn er sich nicht ausdrücklich zu seiner Situation äußerte. »Es ist so schön hier«, sagte er, wenn er auf der Terrasse saß und in den Garten schaute oder auf dem Sofa und auf den Fernseher.

Zum Glück erfüllte sich, nach Jahren des Bettelns und der Heinzelmännchenarbeit, eine Hoffnung: Er sah ein, dass es ohne fremde Hilfe nicht ging. Er fragte sogar selbst im Bekanntenkreis herum und fand eine Frau, die ihm jeden Donnerstag im Haushalt half. Mittwochs durfte ihn nun eine Gedächtnistrainerin besuchen, die der Arzt empfohlen hatte. Zu unserer Überraschung mochte er beide, und sie gewannen sein Vertrauen.

Ich installierte ein Videosystem; wir ließen *Alexa* hinein. »Drop In« nannte sich ihre Funktion, mit der ich im Haus meines Vaters auf einem Bildschirm erscheinen und ihn über eine Kamera sehen konnte, ohne dass er den Ruf annahm. Es war der Bankrott der Privatsphäre, aber ein Segen für jemanden, der nichts mehr annehmen *kann*. Von Bildschirm zu Bildschirm sahen wir uns jeden Tag. Wir spielten Quiz, machten Gymnastik, mein Vater zeigte mir Übungen aus seiner Turngruppe. So vertrieben wir uns die Frühzeit der Pandemie, in der auch ich meine Wohnung kaum verließ. Zu Arztterminen reiste mein Bruder oder ich an und begleitete den Vater. Für neu auftretende Probleme überlegten wir uns Lösungen. Als unser Vater zum Beispiel immer wieder den Haustürschlüssel verlor, tauschte ich den Schlüsselbund gegen ein unübersehbar großes Holzstück aus; er wurde unverschwindbar.

Haushaltshilfe, Pflegedienst, Essen auf Rädern, Gedächtnistrainerin, zwei Söhne aus der Ferne und vor Ort – für einen Moment schien es wirklich zu funktionieren. Ich atmete auf.

Doch als wären wir immer zwei Schritte hinterher, spitzte sich die Lage bald wieder zu. Es kam der Moment, in dem mein Vater das Mittagessen vor der Haustür nicht mehr erkannte. Oder es hereinholte und in der Wohnung verlor. Er rief mich an, und wir suchten gemeinsam, während ich über das Telefon seinen Blick steuerte.

Es kam der Moment, in dem er überzeugt war: »Die Haustür ist kaputt.« Wir übten mit ihm, Schlüssel linksherum, rechtsherum. Er stand ratlos davor und fragte: »Wer hat sich so etwas Kompliziertes ausgedacht?« Von da an verließ er nicht mehr das Haus. Er lebte in Angst, wegen »des Problems«, wie er es nannte, und meinte das Schloss.

Es kam der Moment, in dem er fragte, wo Trinken sei, ein Bett. »Es ist heutzutage nicht einfach, eine Toilette zu finden«, sagte er. Zunehmend unmöglich wurde es, ihn aus der Ferne, per Telefon und Video, durchs Haus zu lotsen. Er geriet in Panik, wenn er etwas suchte oder dachte, ein Fremder sitze in seinem Kleiderschrank. Er tat mir leid, denn er war in seinem Haus und seiner Angst gefangen.

Und es kam der Moment, in dem ich durchs Telefon fließendes Wasser hörte. Mit Mühe fanden wir den offenen Hahn. Mein Vater stand davor und fragte, was er tun solle. Das Telefon, durch das ich ihm zu antworten versuchte, hatte er verlegt. Ich schrie in den Raum. Da war klar, so ging es nicht weiter.

Aber wie *ging* es weiter?

Plötzlich fand auch ich mich an den Grenzen, ein Futur zwei zu erzeugen. Ein Bild von mir, von uns, in der Zukunft.

Wir waren in eine Situation geraten, mit der wir nie zuvor konfrontiert gewesen waren. Alle Versuche, aus Erfahrung eine Husserl'sche Vorerinnerung zu formen, lieferten nichts als verschwommene Bilder. Sie waren unbrauchbar.

Woraus wir die Lösungen unserer Zukunft erschaffen, nannte Alfred Schütz den »zuhandenen Wissensvorrat«. Er umfasst unsere eigenen Erfahrungen und uns bekannte Erfahrungen anderer. Ich muss nicht selbst in einem brennenden Haus gewesen sein, um zu wissen, dass man hinausrennt.

Schütz stellte aber auch fest, dass nie etwas geschehen wird, auf das eine Erinnerung ganz und gar passt. Unsere Zukunft, schrieb er, können wir nur mit »offenen Horizonten« entwerfen. Bei aller Erinnerung bleiben wir allein mit der Unsicherheit, ohne Wissen von den zukünftigen Ereignissen. Denn »wir, die wir nicht die Gabe der Weissagung von den Göttern erhalten haben, haben solches Wissen nicht. Wir wissen nicht einmal, was wir wünschen und wofür wir beten sollen.« Deshalb können wir nur mit Verallgemeinerungen arbeiten, mit Annäherungen.

Das ist ein kreativer Prozess. Der italienische Philosoph Giambattista Vico gliederte im 18. Jahrhundert die Erinnerung deshalb in eine Triade ein: *memoria, fantasia, ingegno*. Der Geist nehme diese drei unterschiedlichen Formen so an, »dass er memoria ist, wenn er die Dinge erinnert, fantasia, wenn er sie verändert und nachschafft, ingegno, wenn er sie ausschmückt und in eine passende und gediegene Form bringt«.

Erinnerung, Einfallsreichtum, Erfindungskraft. Was an einem fehlt, verlangt Ausgleich durch ein anderes.

Ich hatte immer den Eindruck gehabt, dass sich mein Vater zu sehr auf *memoria* verließ, das Vertraute. Wohl deshalb ließ er die Dinge auf sich zukommen, bis es zu spät war.

Klingelte früher das Telefon, verharrte er, wo er war. Er schaute uns einen nach dem anderen an, sagte: »Ich erwarte keinen Anruf«, und aß weiter.

Er erwartete, ganz grundsätzlich, nichts Unerwartetes. Er wollte seine Ruhe, ging morgens ins Büro, brachte uns am Abend ins Bett, öffnete ein Bier und setzte sich mit seiner Frau im Winter ins Wohnzimmer, im Sommer auf die Terrasse. Er hatte nicht nur kein Bedürfnis nach anderem, Neuem, Unvorstellbarem. Er lehnte es ab.

Als Jugendlicher verachtete ich die Erwartungsarmut im Leben meines Vaters. Durch das Fenster meines Kinderzimmers sah ich Kirchturm und Kühe, doch mich dürstete nach dem Niedagewesenen, nach der Welt. Ich träumte, wir zögen nach New York oder wenigstens in eine Stadt in Kalifornien, wo ich zur Highschool gehen würde, wie ich es aus den Fernsehserien kannte. Ich träumte von anderen Berufen, als meine Eltern hatten. Ich träumte vom Spielen, vom Schreiben, von Lautheit, vom Risiko.

Ob mein Vater träumte, weiß ich nicht. Wenn, dann davon, dass alles im schmalen Toleranzrahmen des Vertrauten verlief.

Erst als ich selbst nicht mehr weiterwusste, durchdachte ich das Leben meines Vaters noch einmal. Im Rückblick fiel mir auf, dass mein Vater die Abweichung von der Routine zwar ablehnte – trat sie aber ein, ging er erstaunlich routiniert damit um. Er träumte nicht von New York, aber er wusste sich zu helfen, ruhig, einfallsreich, pragmatisch. Er brachte mir bei, dass ein Vater nicht für alles eine Lösung weiß. Aber dass er für alles eine Lösung *findet*.

Als wir aus dem Schaukelpferd, das er uns gebaut hatte, herauswuchsen, nahm er ein Brett, sägte breitere Kufen aus, schraubte sie auf und malte sie an. Als ein Verwandter meiner Mutter verschwand und im Frankfurter Bahnhofsviertel gesichtet worden war, brach mein Vater in die Nacht auf und suchte. Als die Frau eines Onkels nach seinem Tod fortging und ihre Sachen bei uns nicht abholte, packte mein Vater kurzerhand alles in eine Kiste, schrieb ihre letzte bekannte Adresse darauf und brachte sie zur Post. Als ich aus meiner ersten Mietwohnung auszog und ihn fragte, wie ich die Nagellöcher in der Wand schließen solle, sagte mein Vater: »Versuch es mit Kreide.« Brauchte er im Büro einen Mittagsschlaf, legte er sich auf den Boden.

Als der Anruf kam, unsere Oma, seine Mutter, sei gestorben, zog er seinen Mantel an, ging aus dem Haus wie zu einem Gerichtstermin und regelte die Formalitäten.

Im Ruhestand, als seine Schreibmaschine nicht funktionierte und er Computer nicht bedienen konnte, schrieb er die Nebenkostenabrechnung für den Mieter eben mit der Hand. Er, der Notar, hat mich gelehrt, dass ein Schriftstück keinen Schönheitswettbewerb gewinnen muss; wichtiger ist, dass man seinen Inhalt versteht. Als die Krankheit schon da war und ihm eine Zeit lang ständig die Augen zufielen, legte er Merkzettel im Haus aus: »Augen auf!«

»Ich weiß nicht, was ich machen soll«, hörte ich aus dem Mund meines Vaters nur einmal. Es war, als der Anruf kam, dass seine Frau gestorben war.

Von meinem Vater habe ich gelernt, dass man Probleme auch lösen kann, wenn sie neu sind und niemand dir sagt, was du tun sollst. Er hat mir die Zuversicht geschenkt, dass auch ich, sein Sohn, das kann.

Ich versuchte meine Aufgabe anzugehen, wie er es getan hätte: Routine simulieren, wo Routine nicht war. Ich telefonierte, bestellte Broschüren, las Bücher, erfragte Erfahrungen. Über private Pflegekräfte, die ins Haus ziehen, gab es gemischte Berichte. Alle, die meinen Vater kannten, waren sich einig: Für ihn war das nichts, ein Eindringling im Zuhause, in dem er seit jeher »seine Ruhe« haben wollte. Ich besichtigte Pflegezimmer, sprach mit Ärzten und Bekannten. Wie bei einer Tomate, die lange grünt und plötzlich rot wird, ging es am Ende schnell. Ich hatte die Pflegeresidenz bei mir in Berlin um die Ecke gefunden; mir schien wichtig, dass sie wie ein Hotel aussah, nicht wie ein Krankenhaus, die Flure sind nicht breit und steril, sie haben Teppichboden und Polstersessel, sie haben Stil. Als ein Einzelzimmer frei wurde, riefen sie an, Bedenkfrist: drei Tage. Ich machte Kassensturz. Ich zeigte meinem Vater die Farbfotobroschüre. Ich las ihm den Speiseplan vor, das Essen in der »Residenz« war hausgemacht. Mein Bruder würde uns mit seiner Familie in Berlin besuchen, dazwischen nach dem unbewohnten Haus schauen.

Der Vater willigte ein.

Jetzt ist er hier.

Und jetzt, wo sein Gedächtnis ihn immer mehr im Stich lässt, arbeitet seine Erfindungskraft auf Hochtouren.

»Wie lange bleibst du?«, fragt er, wenn ich sein Zimmer betrete. »Bleib doch wenigstens ein paar Tage.«

Er verstand, wohin er ging, doch er weiß nicht mehr, wo er ist. Oft habe ich ihm erklärt, dass ich um die Ecke wohne, dass ich nicht abreise, ihn nicht verlasse. Ich habe ihn in unsere Wohnung mitgenommen, hier haben wir Kaffee getrunken und Heiligabend gefeiert, mit meinem Freund, meinem Bruder und seiner Familie; ich dachte, es beruhigt ihn, zu sehen, wie nah ich bin, doch es hat ihn verunsichert.

Er will mir Unterkunft bieten, vielleicht hofft er, dann bleibe ich, wie früher. Er will sein Essen mit mir teilen. Er schaut in seinem Zimmer umher, sieht das Bett, und für ihn ist klar: »Das ist dein Bett.« Dann überlegt er: »Aber ich kann nicht auf dem Boden schlafen. Das ist zu hart.«

Eines Tages strahlte er. »Ich habe eine Idee! Wir nehmen eine Schere und schneiden alles in der Mitte durch. Das Bett, die Decke, den Tisch. Dann reicht es für uns beide.«

Es war der 12. November, am Abend zuvor hatten wir den Umzug auf der Straße gesehen, ein verkleideter Sankt Martin auf dem Pferd hatte mit dem Schwert seinen Mantel geteilt.

Oft hört man, in der zweiten Lebenshälfte verkehrten sich die Verhältnisse. Die Kinder würden zu Eltern, die Eltern zu Kindern, besonders, wenn sie pflegebedürftig sind. Arno Geiger schreibt, derlei Gerede ärgere ihn, weil es beschönige. Denn die Entwicklung des Kindes ist nach vorn gerichtet, auf Zuwachs. Altwerden, zumal Demenz, ist eine Entwicklung zurück, zu weniger, ins Verschwinden.

Der Einwand leuchtet mir ein. Doch mein Vater erstaunte mich damit, auf seine Weise in die Zukunft zu blicken. Wir wollten nach draußen, er wusch sich die Hände, ich zeigte ihm sein Waschbecken, sein Handtuch, wie jeden Tag, er setzte sich auf das Bett, ich zog ihm die Schuhe an. Er fasste mit an. Er wirkte zuversichtlich. »Wenn ich diese Dinge erst einmal gelernt habe«, sagte er, »wird es besser.«

Wenn alles versagt, *memoria, fantasia, ingegno*, sind wir darauf angewiesen, dass uns jemand hilft.

Ich habe es mir zu einfach vorgestellt. Jemandem »etwas abnehmen« hat zwei Bedeutungen. Es kann Hilfe heißen oder Diebstahl.

Ziehe ich meinem Vater den Pullover über den Kopf, zerkleinere ich ihm den Kuchen? Oder lasse ich es ihn allein versuchen, auch wenn er sich müht? Ich habe gelernt, dass ich das jeden Tag neu entscheiden muss. Es ändert sich, je nach Aufgabe und Tagesform, mal geht es vor, mal zurück.

Es existiert nicht der Tag, an dem wir die Verantwortung aufnehmen oder abgeben. Wir können nur wachsam sein, zu erkennen versuchen, wenn jemand uns braucht. Und hoffen, dass es bei uns jemand merkt.

WIRKLICHKEIT TEILEN

Drei Szenen mit Vater:

I.

VATER

Hier waren zwei Männer. Aus München.
Sie haben mein Telefon weggenommen.
Wollten es stehlen.

II.

VATER *im Tonfall der Reklamation*

Heute kein Kuchen.

SOHN

Du hast ihn gerade gegessen, hier steht noch
der Teller, schau.

VATER

Das Stück war ein Preis!
Weil ich beim Sport der Beste war.
Der Nachmittagskuchen fehlt.
Kratzt Krümel vom Porzellan.

III.
VATER *raunend*
Von Konkurs war die Rede.
SOHN
Konkurs?
VATER
Schhhh!
Blickt vorsichtig im Zimmer um sich.

In Nikolai Gogols Geschichte *Die Nase* gibt es einen unzuverlässigen Erzähler. Er berichtet vom Kollegienassessor Kowaljow, der eines Morgens erwacht, und seine Nase ist weg. In wachsender Verzweiflung versucht er, sie zu finden und zurück an ihren Platz in seinem Gesicht zu locken. Er geht zur Polizei, zur Zeitung, schickt nach dem Arzt. Unterdessen wird in der Stadt die Nase gesichtet, wie sie über die Straßen schreitet, gekleidet »im Rang eines Staatsrats«. Der Erzähler räumt ein, dass die Geschichte »vielerlei Unwahrscheinlichkeiten enthält. [...] Manchmal gibt es überhaupt keinerlei Glaubwürdigkeit.« Doch: »Trotzdem, wenn man darüber nachdenkt, so ist an alldem wahrhaftig etwas dran. Da kann man sagen, was man will, aber derartige Vorkommnisse gibt es auf der Welt, selten, doch es gibt sie.«

Drei Vorkommnisse, die sich herausgestellt haben:

I.
Mein Vater hatte zwei Besucher im Zimmer. Sie kamen (soweit ich weiß) nicht aus München. Männlich war nur der eine, die Frau hatte sehr kurze Haare. Sie waren von der

Betreuung der »Residenz«. Er habe geklagt, sein Telefon sei kaputt. Sie schauten es sich an.

II.

Im Speisesaal gab es ein Sportfest. Mein Vater nahm teil, zehn Tage nach seiner Ankunft. Beim Dosenwerfen räumte er ab. Er war der Champion, gewann den ersten Preis. Der Pokal steht in seinem Zimmer, über dem Bett hängt die Urkunde. Kuchen war nicht dabei. Doch ist mein Vater nie um Begründungen verlegen, warum er ein zweites oder drittes Stück braucht.

III.

An jenem Tag waren Briefe gekommen. Ein bedrohlicher Anstieg der Pflegekosten, Lamento im ganzen Haus. »Wie soll ich das bezahlen?«, schrie auf dem Flur der Mann, der täglich die Frau besucht. Eine Bewohnerin im Seidenschal wollte am Empfang verhandeln: »Was sind die gesetzlichen Grundlagen?«, fragte sie den Herrn von der Verwaltung.

Ich mag unzuverlässige Erzähler. Sie halten Fragen in der Luft, weil sich ihre Behauptungen mit der Logik der Geschichte verkanten: Was ist wahr? Was falsch? Welche Wahrheit gilt? »Wo kommen schon keine Ungereimtheiten vor?«, fragt Gogols Erzähler in *Die Nase*.

Mein Vater ist jetzt in der »Residenz«. Er ist so nah, doch seine Welt ist fern. Alle ein, zwei Tage schwimme ich aus meiner Welt hinaus und versuche, in seiner aufzutauchen. Ich betrete sein Zimmer und tue mein Mögliches, Gemeinsamkeit mit ihm zu erleben. Das geht nur, indem ich in seine Welt komme, ihm dort Gesellschaft leiste. Dafür muss ich seine Welt ergründen.

Meinen Vater beschäftigt jetzt die Vergangenheit. Stück für Stück holt er ihre Teile hervor und betrachtet sie. Wie man einen Gegenstand in die Hand nimmt und mustert, bevor man ihn zum Müll bringt, zum Flohmarkt oder in den Keller. Wellenweise durchlebt er Epochen.

An manchen Tagen, wenn das Telefon klingelt und mein Bruder anruft, sagt mein Vater, er könne nicht sprechen, weil er in einer Sitzung des Ortsbeirats sei. Der Ortsbeirat ist ein Organ der Kommunalverwaltung, in unserem Dorf gehörte ihm unser Vater ehrenamtlich an.

Überraschend großen Raum beansprucht sein Berufsleben als Rechtsanwalt und Notar, von dem er damals weniger erzählte als heute. »Ist das R. persönlich, der da ruft?«, fragt er, als die Frau im Nachbarzimmer nach der Pflegerin schreit. »Eines möchte ich klarstellen«, sagt er mit erhobenem Zeigefinger zum Arzt, »Frau N. ist eine verdiente Kraft.« R. und N. sind Kollegen von damals.

An anderen Tagen ist er auf dem Sprung zu einer Beerdigung oder Hochzeit von Menschen aus unserem Dorf, er sagt ihre Namen. Er fragt mich, was er anziehen soll. Ob seine Hose in Ordnung sei. Es sind mehr Beerdigungen als Hochzeiten, zu denen er geht. Er bittet mich, für ihn auf die Uhr zu schauen, damit er pünktlich kommt.

Überhaupt sagt er oft: »Wir müssen gleich los.«

In seinem Kopf gibt es ständig etwas zu erledigen. Mir scheint, als hätte er in seiner imaginären Welt noch mehr Probleme als in der wirklichen.

Das ist nicht bei allen so. Ich habe Mitbewohnerinnen meines Vaters kennengelernt. Die meisten sind Mitbewohnerinnen; Frauen werden älter, Männer sind rar in der »Residenz«. Manche der Frauen sind ebenfalls in einer anderen Welt, aber dort sind sie ruhig und zufrieden. Bei ihnen verursacht die Krankheit eine irrationale Freude über kleine oder nicht vorhandene Dinge. »Heute kommt *Traumschiff* im Fernsehen?«, jubilieren sie. »Das schau ich mir an!« Bei meinem Vater verursacht die Krankheit eine irrationale Sorge um kleine oder nicht vorhandene Dinge. »Hast du gar nichts von alldem mitbekommen?«, fragt er mich, wenn ich sein Zimmer betrete, schüttelt fassungslos den Kopf. In seiner Welt gibt es immer ein Problem zu lösen. Seine Unruhe tut mir leid.

Die Versuchung ist groß, einen Irrtum aufzuklären, ihm zu sagen, wo er ist, dass die Beerdigung nicht stattfindet, dass kein Dieb im Haus ist, was seine wirklichen Probleme sind. Was *unsere* wirklichen Probleme sind. Dass diese Probleme groß genug sind und wir keine imaginären brauchen. Doch damit kann er nichts anfangen.

Die Philosophie nennt es »naiven Realismus«, davon auszugehen, dass wir die Welt objektiv sehen. Dass die Dinge sind, wie wir sie sehen, dass die anderen sie genauso sehen.

Ich liege neben meinem Vater auf seinem Bett. Er hat sich diagonal, seltsam gekrümmt, zwischen zwei Ecken der Matratze geklemmt; selbst in seinem Bett fehlt ihm Orientierung. Ich habe mich danebengepfercht, wir liegen auf dem Rücken, schauen zur Decke.

Das wenige, das mein Vater sagt, sagt er jetzt oft leise. Die Kraft verlässt seine Kehlkopfmuskeln. Was ich nicht verstehe, ist weg, er kann es nicht wiederholen. Liegt mein

Kopf dicht an seinem, Wange an Wange, höre ich ihn besser. Ich will seine Worte nicht an die Luft verlieren, auch wenn sie im ersten Moment keinen Sinn ergeben.

Manchmal fasst er zaghaft meine Hand. Er zieht an meinen Fingern, wie um sie zu erkunden.

»Ich habe es mir so schön vorgestellt, den Hund zu streicheln«, sagt er.

Um einen Menschen zu verstehen, schrieb der Philosoph Friedrich Schleiermacher, wirklich zu verstehen, brauche man zweierlei Talent: eines für die »vollkommene Kenntnis der Sprache« und eines für die »vollständige Kenntnis des Menschen«. Schleiermacher zeigte sich realistisch: »Da beides nie gegeben sein kann, so muss man von einem zum anderen übergehen, und wie dies geschehen soll, darüber lassen sich keine Regeln geben.« Was man an den Worten eines Menschen nicht versteht, muss man mit Wissen über den Menschen füllen – und umgekehrt.

Als mein Vater arbeitete, gab es in seinem Büro einen Hund, der einem Kollegen gehörte und auf den er sich jeden Tag freute. Er fütterte ihn mit Leckerli aus seiner Schreibtischschublade, der Hund setzte sich vor ihn und ließ sich streicheln.

»Aber ich habe den Mann mit dem Hund angerufen. Er war nicht da«, sagt mein Vater traurig.

Auf dem Bett, neben meinem Vater, muss ich an etwas denken, das sich ereignete, als ich fast sieben war. Ich wollte ein Haus bauen. Ein richtiges Haus, aus Mauern, Glas und Ziegeln. Es sollte in unserem Garten stehen, in der Nähe der Eltern, doch selbstständig.

»Papa, wie baut man ein Haus?«, fragte ich.

»Man braucht Steine und Mörtel. Und man braucht eine Genehmigung. Eine Baugenehmigung.«

»Wie bekommt man die?«

»Man muss einen Antrag stellen. Mit einem Bauplan.«

Ich nahm Papier, Bleistift und Lineal und zeichnete mein Haus. Es hatte zwei Stockwerke, einen Flur, eine Küche, ein Schlafzimmer, ein Wohnzimmer, in das ich meine Eltern einladen würde. Einen Keller, das fand ich wichtig. In jedes Zimmer malte ich Fenster; Türen in die Wände. Ich bat meinen Vater, den Brief zur Post zu bringen. Ich überlegte, wie ich an Mörtel und Steine kommen würde. Beim Nachbarn hatte ich einen Betonmischer gesehen, den konnte ich vielleicht leihen.

Zwei Tage später kam ein Brief für mich. Man habe meinen Antrag geprüft, hieß es im Amtsdeutsch. Man habe festgestellt, auf dem Grundstück stehe schon ein Haus, das meiner Eltern. Ein zweites könne man dort nicht genehmigen, es würde zu dicht an der Grenze zum Nachbarn stehen und ihm Licht wegnehmen. »Wir hoffen, dass Sie nicht so sehr enttäuscht sind. Ihre Pläne fügen wir bei.«

Jahre später fand ich unter unserer Schreibmaschine gebrauchtes Durchschlagpapier. Als ich es gegen das Licht hielt, zeichnete sich der Brief der Behörde an mich ab. Mein Vater hat meine Zeichnung nie abgeschickt. Er hat den Antrag selbst beantwortet, als Baubehörde. Damit ich unsere Schreibmaschine nicht erkenne, hat er Durchschlagpapier benutzt. Die Schrift wirkte verschmiert, wie man sich einen Behördenbescheid in den 1980er-Jahren vorstellte.

Mein Vater war in meine Welt gekommen, um mich zu treffen. Ich war Kind, er Rechtsanwalt, doch hat er nach einem Übergang zwischen den Welten gesucht. Seine war die Welt der Anträge und Bescheide; hier fand er eine Tür einen Spalt offen, zu mir. Er hat gelogen, um mich ernst zu nehmen.

Versuche ich heute, in die Welt meines Vaters zu gelangen, suche ich ebenfalls eine Verbindung zu dem, was ich kenne. Es ist verlockend, das vermutete Erleben meines Vaters nur als extreme Ausprägung von etwas zu begreifen, das wir alle erleben. Es erzeugt ein Gefühl von Gemeinsamkeit. Es simuliert Verständnis. Es speist Gedanken in diesem Buch.

Aber es ist eine Falle. Mein Vater ist krank. Er erlebt nicht, was wir alle erleben, nur krasser. Ich kenne seine Welt kein bisschen.

Die Psychoanalytikerin Melanie Klein hat festgestellt, dass wir ein Leben lang nach dem Menschen suchen, der uns ganz und gar kennt, versteht und begleitet, dass dieses Bedürfnis aber niemals erfüllt wird. Es gibt diesen Menschen nicht. Andere wollen oder können uns nicht geben, was wir uns vorstellen, niemals vollständig verstehen, was wir brauchen.

Gogols Geschichte vermittelt für mich die Einsamkeit, mit der jeder von uns in seiner Welt lebt. Mich verstören die Szenen, in denen Kowaljow Hilfe sucht, um seine Nase wiederzubekommen: Den Oberpolizeimeister findet er nicht, wo er sein sollte. Als er bei der Zeitung eine Suchannonce aufgeben will, bietet man ihm, dem Nasenlosen, Schnupftabak an, gegen »trübsinnige Stimmungen«. Der Polizeihauptmann schickt ihn weg, weil er Mittagsschlaf hält, nicht ohne den Hinweis, ein ordentlicher Mensch verliere seine Nase nicht. Als die Nase endlich auftaucht, lässt sie sich im Gesicht nicht befestigen. Der Arzt rät Kowaljow, sie in Wodka und Essig einzulegen und als Rarität zu verkaufen, sich »häufig mit kaltem Wasser zu waschen«. So gehe das schon.

Jeder ist in seiner unzuverlässigen Erzählung allein, scheint Gogol zu sagen, ganz grausam allein. Die anderen sind höflich und hilfsbereit, aber sie funktionieren in ihrem System und können nicht helfen. Es ist nicht ihre Schuld. Sie verstehen uns nicht, denn sie haben ihre Nasen noch. Dafür fehlt ihnen etwas anderes, und das verstehen wir nicht.

Der Schriftsteller George Saunders hat sich mit den russischen Meistern beschäftigt. Die Menschen, an die sich Kowaljow wendet, schreibt er, vermögen seinen Albtraum nicht als »Vorschau auf den (unvermeidlich bevorstehenden) Albtraum zu verstehen, der uns irgendwann alle ereilen wird«. Dabei könnten sie an dem Mann, der seine Nase jagt, erkennen, »dass die Vernunftbestimmtheit in jedem Augenblick, selbst im allernormalsten, ins Wanken gerät, [...] dass die Zeiten, in denen man alles bekommt, was man will (eine Zigarette rauchen, eine Nase haben), kurz und aufkündbar sind«.

»Du glaubst auch, ich muss nur pfeifen, dann steht mir alles offen«, sagt mein Vater, während er auf dem Bett sitzt und seinen Kleiderschrank betrachtet, den ich mit dem Schloss gesichert habe, damit er ihn nicht allnächtlich ausräumt, um »Ordnung zu schaffen«.

Ich habe von einem Werk der Künstlerin Cornelia Bast gelesen, das sie *Fokung Wirkus* nennt. Es sieht aus wie ein Taucherhelm mit optischen Linsen in willkürliche Richtungen.

Wer ihn aufsetzt, sieht die Welt in Bruchteilen, zerstückelt, umgekehrt, seitenverkehrt. Bast stellt sich vor, dass Menschen mit Demenz so oder so ähnlich die Welt sehen. Die Orientierungslosigkeit, die Verunsicherung. Wie es ist, wenn man seinen Sinnen nicht trauen kann, wenn man Hilfe braucht und sich schämt.

Das ist ihre Vermutung. Wissen kann sie es nicht.

Es gibt Glückstreffer. Manchmal kreuzen sich, durch Zufall, für eine Szene, unsere Welten.

Ich komme mit meinem Freund ins Pflegezimmer, mein Vater sitzt auf dem Bett, er trägt Oberhemd, Jogginghose, seine gebundenen Straßenschuhe. Er starrt zu Boden. »Ich könnte mich umbringen«, sagt er.

Ich setze mich neben ihn. Ich lege meine Hand auf seinen Rücken. »Was ist los?«

Ich betrachte die Flecken auf seiner Kleidung.

»Es ist ausweglos«, sagt er.

Die Flecken sind braun und frisch.

»Was ist ausweglos?«

Die Flecken sind auch auf dem Laken.

»Dieser Prozess. Die Gegenseite hat etwas behauptet. Und das Gericht hat es geglaubt. Es hat den Verhandlungstermin aufgehoben. Was sollen wir jetzt machen?«

»Deshalb willst du dich umbringen?«, frage ich erleichtert.

»Ja. Die Situation ist verfahren.«

Ich rieche an seiner Kleidung, sage, mehr zu mir selbst: »Es ist nur Essen.«

»Essen?«, ruft mein Vater. Jetzt ist *er* erleichtert. »Das ist die Lösung. Wenn alles in Essen passiert ist, ist das Gericht gar nicht zuständig.« Er schaut uns an und strahlt. »Ich danke euch von Herzen! Es kann sein, dass wir das Problem gelöst haben.«

Ich nehme einen Waschlappen, reibe die Soßenflecken aus seinem Hemd und der Hose. »Komm«, sage ich, »wir haben Kuchen mitgebracht. Heute ist Vatertag.«

Die Szene ist zu Ende, unsere Welten trennen sich wieder.

Ein anderer Tag, auf der Straße sehen wir einen Hund. Es ist ein Dackel, wie der Hund aus dem Büro meines Vaters, er ist mit einem jungen Paar unterwegs. Als die Frau sieht, dass mein Vater sich für ihn interessiert, hebt sie den Hund hoch und hält ihn meinem Vater vors Gesicht. Der Hund drückt seine Schnauze meinem Vater auf die Wange. Die Augen meines Vaters werden wach und groß, er schaut in die Augen des Hundes. Beide schauen und schauen, alles steht still. Als die Frau merkt, welche Freude sie meinem Vater bereitet, dreht sie sich um und weint.

Es gibt Glückstreffer.

Momente, in denen weniger Glück zur Verfügung steht, kosten mehr Anstrengung, erzeugen Wut.

Auf dem Platz vor der »Residenz«, um den goldenen Baldachin, in der Sonne, feiern sie ein Fest. Man reicht Hotdogs in Servietten, aus den Seiten quillt es rot, ein Mann macht Musik auf dem Akkordeon. Ich sehe die Farben von Weitem, höre den Klang, als ich mein Fahrrad abstelle. Etwa zwanzig Leute sitzen im Kreis, fast alle Frauen, ein Blick zeigt mir: Mein Vater ist nicht dabei. Ich gehe durch die Automatiktür, halte im Vorübergehen meinen Coronatest in die Höhe, zwänge mich an der Weglaufsperre vorbei ins Treppenhaus, steige zwei Stockwerke hinauf, klopfe und öffne die Tür zu seinem Zimmer.

Mein Vater liegt auf dem Bett, in Embryonalhaltung. Er hat die Augen geschlossen, das Gesicht zur Wand. Ich setze mich zu ihm auf die Matratze, schaue auf den Boden, sage nichts.

Sie haben ihn nicht mitgenommen. Schon wieder nicht.

Meinen Vater aus der Isolation seines Zimmers zu holen, ist schwer. Ihn zu motivieren, dass er sein Bett verlässt. Ihm zu sagen, welche Kleidung er tragen soll. Ihm den Weg zu zeigen. Ihn weiterzuführen, wenn er stehen bleibt. Ihn, wenn man endlich am Ziel ist, davon zu überzeugen, sich auf einen Stuhl zu setzen. Leichter machen es den Betreuern der »Residenz« die Bewohner, die klar im Kopf sind, die selbst auf die Uhr schauen und sich unaufgefordert am Ort des Festes einfinden, die zu ein bisschen Musik die Arme in die Luft werfen. Die tanzen, wenn man sie an den Händen nimmt. Oder die im Rollstuhl sitzen: Sie lassen sich verschieben wie Spielzeugeisenbahnen, stehen nicht auf, stellen nichts an.

Mein Vater ist nicht so. Er kann laufen, er ist unzugänglich, er ist unruhig. Er ist ein Mann mit Demenz.

Eine Weile sitze ich auf seinem Bett, mein Rücken gegen seinen, an seinem Atem höre ich, dass er immer wieder die Augen öffnet und schließt, wie um sich davon zu überzeugen, dass etwas nicht da ist, das er sucht. Meine Schneidezähne pressen gegeneinander. Er soll nicht spüren, dass ich traurig bin. Durch das gekippte Fenster klingt der Mann mit dem Akkordeon. Der Vorhang ist halb zugezogen.

Irgendwann drehe ich mich um.

»Hast du Lust, auf ein Fest zu gehen?«, frage ich.

Er öffnet die Augen, sagt nichts.

»Das Wetter ist so schön. Sollen wir mal schauen?«

Langsam richtet er sich auf. Ich reiche ihm die Hand, er arbeitet sich daran in die Höhe. Ich ziehe ihm eine frische Hose an. Ich stelle mich ihm gegenüber, als wollten wir tanzen, greife mit meiner rechten Hand seine linke, mit meiner linken seine rechte, laufe rückwärts, er folgt mir zum Aufzug. Die Automatiktür schiebt sich in die Wand, ich trete mit meinem Vater nach draußen, treffe hinter der Schwelle auf die Frau, die für die Betreuung verantwortlich ist, und lasse in ihr Gesicht ein Donnerwetter los.

Ich schimpfe und schimpfe. Alle schauen. Die Musik spielt weiter. Mein Vater ist die ganze Zeit an meiner Hand. Als ich fertig bin, gehe ich mit ihm die zwei Stufen hinab, setze ihn auf einen Stuhl. Jemand reicht ihm ein Hotdog. Er wiegt den Kopf zur Musik. Er bewegt die Lippen. Lächelt.

Gegenüber sitzt die Bewohnerin, die immer dabei ist, die sie zu jeder Veranstaltung aus dem Zimmer holen. Eine Fotografin umkreist sie. Ihre Angehörigen haben erlaubt, Fotos von ihr zu Werbezwecken zu nutzen. Sie werden am Nachmittag im Internet erscheinen, auf den Seiten der »Residenz«.

Am Abend nach dem Vorfall gehe ich zum Sport. Seit ein paar Jahren mache ich Selbstverteidigung. Das Training findet im Park statt, nicht weit von der »Residenz«. Es wird dunkel. Wir sollen ein Stück Holz zerschlagen. Der Trainer steht unter einem Baum, hält das Holz vor der Brust. Ich stehe davor, das linke Bein ausgelegt, Hände vorm Kinn.

Wichtig ist, durchzuschlagen, sagt der Trainer. Nicht abbremsen, sonst ist die Kraft zu klein, um das Holz zu teilen, aber groß genug, um das Handgelenk zu brechen. Der Trainer sieht mich an. Ich habe keine Muskeln, dünne Arme. Niemand traut mir Kraft zu, Gewalt schon gar nicht. So habe ich es von meiner Mutter gelernt, auch die andere Wange hinhalten. Ich führe mit der linken Faust und schlage mit der rechten. Das Holz fliegt in zwei Stücke, eins dem Trainer ins Gesicht, er fasst sich ans Kinn. Er dreht sich um und hebt die Teile vom Rasen auf. Dann schaut er mir in die Augen: »Da war kein Abbremsen.«

Mein Vater soll dabei sein, dazugehören. Dafür kämpfe ich. Es macht mich wütend, wenn andere zu schnell aufgeben. Es schmerzt mich, wenn er ausgeschlossen ist, aus der Welt gefallen, weil seine Fähigkeiten schwinden.

Niemand bleibt gerne allein in seinem Zimmer. Um das zu fühlen, brauchen wir keine wissenschaftliche Untermauerung. Es gibt sie aber. Die Psychologen E. Tory Higgins und Gerald Echterhoff erforschen seit vielen Jahren das sozialpsychologische Konzept der »Shared Reality«, der geteilten Wirklichkeit. Sie ist wichtig für unser Wohlbefinden. »Menschen haben ein grundlegendes Bedürfnis, eine gemeinsame Realität mit anderen zu erleben«, schreiben sie. Geteilte Wirklichkeit setzt voraus, dass wir mit anderen in Austausch treten können über unsere inneren Zustände, unsere Glaubenssätze, Gefühle, Einstellungen, unsere Ziele, Bedenken, persönlichen Normen. Nur so erfahren wir Verbundenheit und Zugehörigkeit, gewinnen Selbstbewusstsein. Um Wirklichkeit zu teilen, neigen wir sogar dazu, unsere Meinungen und Wahrnehmungen den Menschen anzupassen, die wir mögen und von denen wir gemocht werden wollen. Gelingt es uns nicht, geteilte Wirklichkeit herzustellen, befallen uns Unruhe, Unwohlsein, Unsicherheit.

Am nächsten Tag finde ich auf dem Nachttisch meines Vaters ein Bild: ein Strauß roter Tulpen aus Wachskreide.

»Heute hat mich die Frau gefragt, ob ich malen will«, sagt mein Vater. »Zusammen mit anderen Leuten. Ich habe begeistert Ja gesagt.«

AN MANCHEN TAGEN IM REINEN SEIN

Als wir meinen Vater in sein neues Zimmer führten, nach unserer Ankunft in Berlin, schaute er sich um. Dann zog er mein Ohr an seine Lippen. »Es ist gut«, flüsterte er. »Danke.« Ich glaube, er hatte sich alles kleiner und karger vorgestellt. Noch kleiner und karger.

»Es gibt ja keine andere Möglichkeit«, hatte die Nachbarin zu ihm gesagt, als er entschieden hatte, sein Haus zu verlassen und ins Auto zu steigen.

Noch immer wache ich nachts auf und denke über die anderen Möglichkeiten nach. Denn natürlich gab es sie.

Im ersten Stock des Familienhauses, in meinem Kinderzimmer, steht noch das Schlafsofa. Vor meinem achtzehnten Geburtstag gab es Streit um seine Anschaffung. Meine Mutter war dagegen, aus Sorge, es würde mir den Rücken ruinieren. Mein Kinderzimmer aber war ein Jugendzimmer geworden und im Begriff, mit mir erwachsen zu werden. Hier wollte ich tagsüber ein Sofa haben. Aus Protest zerlegte ich mein Bett, schlief auf dem Boden. Mein Vater erfüllte meinen Wunsch. Er fuhr mit mir ins Möbelhaus, kaufte das Sofa, wir stemmten es auf den Dachgepäckträger und fuhren im Wind schwankend über die Autobahn nach Hause. Als wir im Hof ausstiegen, schlug mein Vater die Hände über dem Kopf zusammen: »Dass das gut gegangen ist!«

Der Sohn kehrt zum Vater zurück und begleitet ihn ans Lebensende. Zurück auf seine Schlafstätte, die der Vater ihm hingestellt hat. Es ist eine Geschichte von biblischer Schönheit. Gerne würde ich an sie glauben.

Hätte ich nicht heimkehren können, für eine Weile? Hätte nicht unser Vater auf diese Weise weiter in seinem Haus leben können? Was haben wir ihm angetan?

Die Vater-Sohn-Geschichte verlief anders. Lange hatte der Sohn alles miteinander vereinbar gemacht, sein Schreibberuf ließ das zu. Nun stieß er an Grenzen. Schon bei seinen letzten Besuchen, als der Vater noch in seinem Haus wohnte, schlief der Sohn nachts mit offenen Ohren. War der Vater wach? Irrte er durchs Haus? Der Sohn musste ihn hören, bevor er die Treppe hinabstürzte. Einmal fand er den Vater vor der Haustür, die Augen wie Suchscheinwerfer in die Nacht gerichtet. »Gut, dass du kommst«, sagte der Vater. Der Sohn wies ihm den Weg zurück ins Bett, sein Herz schlug schnell. Am Tag unternahmen sie lange Spaziergänge, über die seine Füße den Vater mit erstaunlicher Ausdauer trugen. Oder sie fuhren in das Café, das der Vater so mochte. Das war schön. Doch irgendwann half der Sohn dem Vater auch, seine Socken den Füßen zuzuordnen, das Essen auf dem Teller zu finden, eine Tür zu öffnen und zu schließen. Ein Mensch mit fortgeschrittener Demenz ist ein Kind, das gerade laufen gelernt hat. In jeder unbeaufsichtigten Minute kann etwas passieren. Für die Arbeit, für das Schreiben, blieb dem Sohn keine Zeit.

Noch etwas hinderte den Sohn an der Rückkehr, und dieses Hindernis war unverrückbar. Um dem Vater zu helfen, hätte der Sohn werden müssen wie der Vater, noch einmal. Er hätte zum Eigenbrötler werden müssen, noch einmal. Wie oft hatte die Mutter, aufgewachsen in den Turbulenzen einer Großfamilie, geklagt: Dem Vater, dem Einzelkind, liege nichts an Geselligkeit. Im Dorf kannten sie ihn und schätzten ihn. Er war in Vereinigungen, doch waren sie meist »Räte«, Pfarrgemeinderat, Ortsbeirat, Verwaltungsrat; das Pflichtgefühl überwog das Bedürfnis nach Gesellschaft. Zum Männerturnen im Dorfgemeinschaftshaus ging der Vater, um »etwas Bewegung« zu haben und »danach noch ein Bier zu trinken«. Mitgründer eines Vereins für deutsch-französische Freundschaft wurde er in seiner Eigenschaft als Notar. Näherte sich auf der Straße eine Bekannte, kam es vor, dass der Vater zu laut bat: »Ich will mit niemandem reden.« Seine Friseurin klagte: »Er schaut so böse. Ich traue mich nicht, ihn anzusprechen.« Als der Vater es erfuhr, suchte er sich eine andere.

»Schlag nichts aus«, riet dem Vater eine Witwe auf der Beerdigung seiner Frau. Eine Zeit lang bemühten sich Nachbarn, Freunde, Verwandte, riefen an, schlugen Unternehmungen vor. Sie mochten den Vater trotz seiner verschlossenen Art, denn auf eine ehrliche Weise, die ich bis heute bewundere, ist der Vater unfähig, jemandem Böses zu wollen. Er fühlt mit, wenn es wem schlecht geht, will helfen.

Der Vater lehnte die Angebote ab.

Irgendwann rief niemand mehr an, und niemand schrieb mehr. Der Vater hatte nur noch seine zwei Söhne. Sie wählten täglich seine Nummer, doch der umgekehrte Weg war

Notfällen vorbehalten: Wenn das Fußballspiel schon begonnen und der Vater auf der Fernbedienung den falschen Knopf gedrückt hatte. Wenn er etwas suchte.

Der Sohn war wie der Vater. Im Kindergarten spielte er *Memory*, allein, mit sich selbst. Er saß auf dem niedrigen Stuhl und deckte abwechselnd Karten auf. Andere Eltern klagten bei seinen, ihr Kind wolle den Sohn zum Spielen treffen, aber der habe »keine Zeit«. In der Mittagspause stürmten die anderen Jungen zu den Spiellastwagen, von denen es immer zu wenige gab. Der Sohn lief durchs Gras und summte ein Lied. In sein Zeugnis über das zweite Schuljahr schrieb die Lehrerin: »Trotz seiner zurückhaltenden Art ist es ihm gelungen, Anschluss zu finden.« Was sie meinte, weiß ich nicht.

Beim Friseur dachte auch der Sohn oft: einmal Schneiden ohne Reden. Er hätte Aufpreis bezahlt.

Nachdem er in die Großstadt gezogen war, legte der Sohn sein Einzelgängerleben ab, und er tat es nicht freiwillig. Am zweiten Wochenende wurde ihm klar, er würde vereinsamen ohne das Zwangskontaktgefüge der Dorfenge, in dem man Bekannten begegnet, ohne sich zu verabreden. War er die ersten zwanzig Jahre nach seinem Vater gekommen, übernahm der Sohn nun über Nacht das Naturell seiner Mutter. Er lernte: Leute anrufen, Treffen planen. Lernte es erst jetzt.

Heute hat der Sohn ein Sozialleben. Dieses Leben in Berlin, seinen Partner, seine Freunde, alles hätte er auf unklare Frist zurücklassen müssen. Der Sohn konnte nicht zurück.

So klingt meine Erzählung.

So geht meine Erinnerung.

In ihrem berühmten Aufsatz »The Formation of False Memories« belegt die Psychologin und Gerichtsgutachterin Elizabeth Loftus, dass wir uns an Dinge erinnern können, die wir nicht erlebt haben. Sie und ihre Kollegin Jacqueline Pickrell erzählten jungen Erwachsenen, sie seien als Kind in einem Einkaufszentrum verloren gegangen, und baten sie, sich daran zu erinnern. Die Geschichte hatten sie erfunden, doch je mehr Zeit verging, desto anschaulicher schilderten manche ein Erlebnis, das nie stattgefunden hatte: in welchem Geschäft es passiert sei, wie sie geweint hätten, was in ihrem Kopf vorgegangen sei, die Kleidung der Person, die sie zurückgebracht habe. Ihre Erinnerung wurde von Tag zu Tag klarer (»älter« sei die Frau gewesen, »dicklich«, der Bruder habe sie »nett« gefunden). In anderen Experimenten erinnerten sich Studenten daran, wie sie mit einer Ohrinfektion im Krankenhaus gelegen oder auf einer Hochzeit eine Bowleschüssel über das Kleid der Brautmutter gekippt hatten. Nichts davon stimmte.

Falsche Erinnerungen, so Loftus, verknüpfen »Körnchen von erlebten oder eingebildeten Ereignissen mit Schlussfolgerungen und anderen Ausarbeitungen, die jenseits direkter Erfahrungen liegen«. Auch wenn uns niemand bewusst in die Irre führt, »unterwandern uns neue Informationen wie ein Trojanisches Pferd«: ein Traum; ein Bild; ein Wort, gelesen, gehört, gedacht; ein Gefühl. All das öffnet der Fantasie den Weg in die Erinnerung. Vor Gericht gelten Zeugenaussagen daher als das unsicherste Beweismittel. Legendär ist der »Knallzeuge«. »Ich habe hinter mir einen Knall gehört«, gibt er zu Protokoll. »Da habe ich mich umgedreht und gesehen, wie das rote Auto gegen das grüne gefahren ist.«

Die Psychologie geht heute davon aus, dass wir ein Ereignis jedes Mal neu durchleben, wenn wir uns daran erinnern. Und wir erinnern uns jedes Mal ein bisschen anders. Ein Detail, das im Nachhinein passend erscheint, kommt dazu, ein anderes verschwindet, neues Wissen, eine neue Deutung verändern Farbtemperatur und Einfallswinkel des Lichts. Neue Erinnerung überschreibt die alte. Wie in einer Datei, die laufend bearbeitet und neu gespeichert wird, entwickelt sich mit der Zeit eine Version, die mit der ersten nicht viel zu tun hat. Jedes Erinnern ist ein Ändern und Überschreiben, nur ohne Sicherheitskopie und ohne Undo.

»Bleibt bei mir«, sagt mein Vater zu meinem Bruder und mir, nachdem wir den ganzen Tag miteinander verbracht haben und uns zum Schlafen verabschieden; es ist Samstagabend, mein Bruder ist zu Besuch in Berlin.

»Ich war auch für euch da«, sagt der Vater.

In den ersten Wochen nach seiner Ankunft war ich jeden Tag bei meinem Vater in der »Residenz«. Es vergingen drei Stunden, vier Stunden, fünf. Wir verbrachten die Tage gemeinsam, als wohnten wir zusammen. Wir machten Spaziergänge, aßen Kuchen, betrachteten Fotos, plauderten, hörten Radio, sahen fern, lasen Zeitung, telefonierten mit meinem Bruder, meinem Onkel, meiner Tante.

Wenn ich mich nach Stunden verabschiedete, sagte mein Vater: »Lässt du mich allein? Das finde ich nicht schön.« Kam ich einmal einen Tag nicht, sagte mein Vater: »Du hast versprochen, du lässt mich nicht im Stich.«

»Wir haben über Sie gesprochen«, sagt die Dame am Empfang, als ich mit meinem Vater von einem Spaziergang zurückkehre; durchs Fenster hat sie beobachtet, dass es nicht leicht war, wie oft er stehen blieb oder in die Gegenrichtung lief. »Sie hatten sicher eine gute Kindheit.«

»Ich wünschte, es wäre anders«, antworte ich.

Es sind »die frühe Kindheit mit unseren Familien«, schreibt die Schriftstellerin Siri Hustvedt, »und die damit verbundenen verletzenden und glücklichen Gefühle, die in unsere gehirnbegabten Körper eingeschrieben sind und entscheidend beeinflussen, wie wir verschiedene Menschen, Dinge und Ereignisse, mit denen wir zu tun bekommen, wahrnehmen und auf sie reagieren«.

Manchmal wünschte ich mir, meine Erinnerungen wären weniger glücklich. Dass ich sagen könnte: Er war ein Rabenvater. War nicht da, hat sich um mich nicht geschert. Soll er sehen, wo er bleibt.

Aber so war es nicht. Aus meiner Erinnerung kommen mir entgegen

die Spielzeuge, die er uns gebaut hat, jedes ein
Kunstwerk, das Pferd, die Sandkästen, die Schaukel
im Hof, ein ganzes Holzhaus mit Fenstern und Tür,
das wir »Häuschen« nannten; das Diktiergerät aus
Holz für mein Kinderzimmer, weil ich mit seinem
echten im Büro so gerne spielte

die Voliere, die er für mich konstruierte und in der
ich Wellensittiche aufzog, in einem Jahr gab es elf
Junge mit grauem Flaum; gefüttert hat er sie

sein schmerzverzerrtes Gesicht, wenn jemand von uns krank war und litt

die Beratungen bis tief in die Nacht, wenn bei jemandem in der Familie eine schwere Entscheidung anstand

sein »Ich setze mich in den Zug, komme zu dir und bleibe, solange du mich brauchst«, als ich in den Strapazen des Staatsexamens lag

der Tag, nachdem ich meiner Familie mitgeteilt hatte, ich brächte keine Schwiegertochter nach Hause, sondern einen Schwiegersohn, an dem sich meine Mutter sorgte, wie die Leute im Dorf reden würden, mein Vater aber von der Arbeit kam und sagte: »Wenn jemand ein Problem damit hat, muss *er* das begründen. Nicht umgekehrt«; ich war einundzwanzig

die Selbstverständlichkeit, mit der er später meinen Freund in die Familie aufnahm, obwohl es für ihn und das Dorf alles andere als selbstverständlich war

Die guten Erinnerungen habe nicht nur ich. Mein Freund besucht meinen Vater bis heute.

Wenn ich die Liste betrachte, denke ich, sie enthält nicht die ganze Wahrheit. Ich weiß, dass ich Glück mit meinen Eltern hatte. Aber es ist nicht möglich, dass alles *nur* gut war. Warum sind die Scheinwerfer auf dies gerichtet und lassen jenes im Dunkeln? Etwas in mir muss die Erinnerungen bearbeitet haben. Welche Instanz war das und nach welcher Strategie habe ich meine Erinnerungen retuschiert?

Das sind Fragen, mit denen sich Anfang des vergangenen Jahrhunderts der Psychologe Frederic Bartlett beschäftigte. Er war der erste Experimentalpsychologe an der Cambridge University. Ihm kam die Vorstellung falsch vor, das Gedächtnis sei wie ein Archiv, in dem man eine Information ablegt und unverändert herausholt. Für seine bahnbrechende Studie *Remembering* untersuchte er, wie die Gegenwart unsere Wahrnehmung und unser Erinnern beeinflusst. Er entwickelte die These vom »effort after meaning«: Was immer in unseren Köpfen vorgeht, ist ein Bemühen um Bedeutung. Was wir erinnern, wollen wir sinnvoll mit dem verschmelzen, was ist, mit dem, was wir jetzt wissen. Alfred Schütz formulierte den gleichen Gedanken bildhafter: »Wie der Zuschauer im Theater tun wir unser Bestes, um das, was wir so weit erlebt haben, sinnvoll zu machen.« Wir arbeiten ständig daran, dass alles zusammenpasst, die Vergangenheit, die Gegenwart, die Zukunft. Unsere Erinnerung mit unserem Selbstbild mit unseren Entscheidungen mit unseren Handlungen mit unseren Plänen. »Unerträgliche Vorstellungen«, wie Sigmund Freud sie nannte, wehren wir ab.

Passt unser Handeln nicht zu unseren Erfahrungen und Einstellungen, leiden wir. Die Psychologie bezeichnet die Qualen als »kognitive Dissonanz«. Sie sind so groß, dass wir zu drastischen Mitteln greifen können, um die Vergangenheit passend zu machen. Der Sozialpsychologe Anthony G. Greenwald verglich in seinem Aufsatz »The Totalitarian Ego« die Funktionsweise unseres Gedächtnisses sogar mit dem Überwachungsstaat in George Orwells *1984*. Wir rechtfertigen unsere Gegenwart, schreibt er, indem wir unsere Vergangenheit fälschen. Ein totalitäres System ermöglicht uns, Lebensgeschichten so zu reparieren, dass sie für uns verträglich, nicht zu leidvoll sind.

Dabei stehen Realität und Reparatur ständig im Konflikt. Der Psychologe John Kotre spricht von einem Wettkampf zwischen dem »Archivar« und dem »Mythenmacher«. Man könnte auch sagen: zwischen dem unbestechlichen Geschichtsschreiber und dem radikal fürsorglichen Ego.

Nur manchmal blitzt dieser Wettkampf in mir auf.

»Wie geht es Ihnen?«, schreit die Pflegerin meinem Vater ins Ohr, die Schutzmaske über ihrem Mund berührt fast sein Gesicht. Er zuckt zusammen, reißt den Kopf herum, die Augen vor Angst groß wie Sonnen. Er tut mir leid. »Er hört gut«, weise ich die Pflegerin zurecht. Sie glaubt mir nicht, ich sehe es. Sie halten ihn für schwerhörig, weil er auf Ansprache fast nicht reagiert.

Ganz plötzlich, als schrillte ein falsch gestellter Wecker in der Nacht, werde ich in solchen Situationen an Eigenschaften erinnert, die mein Vater schon immer hatte und die mich früher so sehr störten –

die Klage meiner Kindheit: »Du hörst mir nicht zu«

die Begeisterung, mit der ich erzählte, wenn er von der Arbeit kam, die Geistesabwesenheit, mit der er die Schuhe auszog, sich die Hände wusch

seine Lippen, die sich stumm bewegten, während ich mit ihm sprach seine Umarmung nach meiner Examensprüfung, sein atemloses »Klasse!« auf den Gängen des Oberlandesgerichts, zu dem er extra angereist war / sein »Darunter kann ich mir nichts vorstellen«, als ich beim Fernsehen arbeitete und sagte, Schreiben könne ein Beruf sein

sein gemurmeltes »Schade«, als mit Gästen das Gespräch darum ging, dass ich nicht als Jurist arbeitete

die Stille, wenn ich am Telefon etwas erzählt hatte und fragte: »Was sagst du dazu?«

sein »Ich denke gerade darüber nach«, wenn ich noch einmal fragte

Gewöhnliche Spannungen in einem Vater-Sohn-Verhältnis, denke ich heute; der noch von der Arbeit absorbierte Vater am Abend; der Vater, dem die Vorstellungskraft dafür fehlt, dass der Sohn einen anderen Beruf wählen könnte als er. Nichts Besonderes, man hört es überall. Und doch hat es mich damals, während es geschah, sehr gestört. Heute ist es in meinem Kopf kaum noch da.

Mein totalitäres Ego hat gut gearbeitet. Es hat meine Erinnerung für mich schön gemacht. Derart herausgeputzt, trägt sie die Entscheidungen, die ich getroffen habe, nach denen ich heute, in diesen Tagen, lebe. Meine Vergangenheit, wie ich sie erinnere, liefert genug Distanzierung vom Vater, um zu begründen, warum ich ihm nicht mein ganzes Leben unterordne. Und knüpft gleichzeitig ein Familienband, das es rechtfertigt, dass ich meinem Vater eben doch einen Großteil meiner Zeit, meiner Kraft und meiner Verantwortungsenergie schenke. Dass ich mit ihm leiden muss und mit ihm suchen kann nach einer Freude.

An manchen Tagen ermöglicht mir das, im Reinen zu sein.

An anderen wüsste ich gerne, nur aus Interesse, welche Teile meiner Erinnerung die Wirklichkeit wiedergeben und welches die Abtönungspartikel sind, die mein Verhältnis zu meinem Vater passend machen zu einer Gegenwart, aus der ich nicht weglaufen kann.

Dann wieder frage ich mich: Ist das so wichtig? Ein Zeuge ist unbrauchbar, wenn seine Erinnerung nicht mit dem objektiven Geschehen übereinstimmt. Doch wenn wir uns für uns selbst erinnern, arbeitet die Erinnerung nur für uns. Sie verfolgt einen eigennützigen Zweck: uns zu helfen, zurechtzukommen. Weicht sie von der Wirklichkeit ab, ist die Abweichung kein Fehler. Dann macht die Erinnerung ihre Arbeit. Sie lindert das Leid des Lebens.

NOTFALLSAMMELPUNKT

Ich kann nicht sagen, warum es sich richtig anfühlte, im Sommer 2022 die Geburtstage meines Bruders und seiner Frau in unserem Familienhaus zu feiern, fern von Berlin, fern vom Vater, *ohne* den Vater. Es war das erste Mal, dass wir uns ohne unseren Vater in dem Haus trafen, es war das erste Mal, dass ich das Haus besuchte, seit mein Vater dort ausgezogen war.

Einige Monate hatten wir den Telefonanschluss in die unbewohnten Räume noch weiterbetrieben, als schien uns die Möglichkeit, der Vater könnte zurückkehren, nicht theoretisch. Ich hatte *Alexa* und ihre Kamera benutzt, um hin und wieder einen Blick ins Wohnzimmer zu werfen, in dem alles stillstand und Zeit doch verging. Es kam mir vor wie der Blick auf das Bild einer Wetterkamera, installiert an einem Ort, an dem sich nichts ereignet außer dem Wetter, das trotzdem eine Faszination ausübt wie ein Kinofilm. Inzwischen war die Leitung abgemeldet. *Alexa* nahm nicht mehr ab. Die vier Ziffern, die fast fünfzig Jahre aktiv gewesen waren, die wir aus der Telefonzelle vor der Schule gewählt hatten, wenn die letzte Stunde ausfiel, unter denen wir später täglich unseren

Vater angerufen hatten, lieferten das Resultat: »Nummer nicht vergeben.«

Vielleicht wollten wir uns vergewissern, dass das Haus noch stand.

Vielleicht brauchten wir eine Pause.

Als ich im Zug saß, dachte ich darüber nach, was die Pflegerin zu mir gesagt hatte: »Sie machen alles kaputt. Sie kommen zu oft.« Sie hatte es fast geschrien.

Ich sah, was sie meinte. Seit mein Vater in Berlin war, hatte ich ihn beinahe jeden Tag besucht. Mir ging es dadurch besser. Ich konnte mich von seinem Zustand überzeugen, eingreifen, Kontrolle ausüben, selbstwirksam sein. Seine unverstellte Freude zog mich an. »Schön, dass du kommst.« Mein Vater kennt mich; die anderen kennt er nicht. Wie soll er auch, sie sind viele, und er kann keine Erinnerung mehr bilden. Er kann keine Menschen mehr kennenlernen. Manchmal, in einem günstigen Moment, reagiert er auf eine Pflegerin, einen Pfleger, dann antwortet er auf eine Frage, ist freundlich und scherzt, dann wird ihm Charme bescheinigt, dann kommt er mit ins Bad, putzt Zähne. Dann nennen sie ihn »kooperativ«. Meist aber haben sie es schwer. Er kennt sie nicht, und er will sie nicht kennen. Er reagiert auf mich; auf die anderen reagiert er nicht.

Die Pflegerin, die es gesagt hat, mag ihn mehr, als sie müsste. Sie kümmert sich um ihn mit Hingabe. Also überlegte ich, ob sie recht hatte.

Auch deshalb fühlte es sich richtig an, ein paar Tage zu verreisen.

Als wir eintrafen, war das Gestrüpp im Garten gewachsen. Der Briefkasten war leer. Der Nachsendeauftrag funktionierte. Die Haushaltshilfe kam einmal in der Woche und hielt die Vitalzeichen des Hauses in Gang: Heizung, Wasser, Licht.

Wir zogen die Rollläden hoch, deckten den Tisch, aßen, räumten ab, und der Platz unseres Vaters blieb leer. Auch sein Sessel neben dem Tisch blieb leer. Nicht einmal mit dem Handy hätten wir den Vater in seinem Zimmer in Berlin anrufen können, denn inzwischen erlaubten ihm seine Fähigkeiten nicht mehr, ein Gespräch anzunehmen. Er wusste nicht mehr, dass das Stück Plastik auf seinem Regal ein Telefon war.

Und doch war unser Vater auf eine körperliche, mit Händen greifbare Weise anwesend. Er hatte sein Gedächtnis im Haus hinterlassen, ausgelagert, auf Zettel geschrieben und in allen Zimmern verteilt. Wir stießen bei jedem Schritt auf sie, bei jeder Verrichtung, jeder Blick verfing sich in ihnen. Während seiner letzten Jahre zu Hause, als er merkte, dass er vergaß, konnte unser Vater ohne Papier nicht leben. Er brauchte die quadratischen Zettel, die es in meiner Kindheit neben Solartaschenrechnern überall als Werbegeschenke gegeben hatte, Klötze mit Logos auf den Schnittkanten, unser Haus war voll davon. Er brauchte Spiralblöcke, er brauchte sie mit Linien, mit Karos, zum Umblättern. Er brauchte viele Kugelschreiber, von denen die meisten nicht funktionierten, aber er warf sie nicht weg, probierte jedes Mal alle durch.

Alles schrieb er auf. Auf den großen Blöcken notierte er, wann er aufstand, zu welcher Minute er welche Tablette schluckte, Stuhlgang, Wasserlassen. Termine (Handwerker, Ärzte, Gedächtnistrainerin Frau D.) trug er in einen Wandkalender ein, auf der Tageszeile und bei den Notizen, zusätzlich in einem zweiten Kalender und zusätzlich dazu auf einem der Blöcke.

Die Kalender hingen noch an den Wänden, sie zeigten die letzten Termine unseres Vaters im Oktober des Vorjahres.

Am interessantesten fand ich schon immer nicht die großen Zettel, sondern die kleinen. Sie offenbarten, was im Kopf meines Vaters vor sich ging. Auf ihnen notierte er Namen von Menschen, die er im Fernsehen gesehen, Wörter, die er im Radio gehört oder in der Zeitung gelesen hatte, wenngleich er die Zeitung zum Schluss nur noch durchblätterte. Ich hob einen der Zettel auf und las: »Helge Fuhst«. Daneben stand »b. w.« und auf der Rückseite: »Extemporale«.

Ich hatte gelesen, dass Donepezil, das Medikament, das mein Vater nahm, Hypergraphie auslösen kann, einen übersteigerten Drang zu schreiben. Doch etwas sagte mir, dass es meinem Vater nicht um den Akt des Schreibens gegangen war. Obwohl die kleinen Zettel keine Termine enthielten, keine Telefonnummern, Medikationspläne, nichts offiziell Wichtiges, merkte ich ihnen an, dass mein Vater mit ihnen Informationen bewahren wollte. Sie enthielten Alltagsbruchstücke, die mein Vater so wichtig fand, dass er sie zu retten versuchte vor dem Vergessen.

Ich griff einen anderen Zettel und las: »Paraphrase (Musik)«.

Es war ein seltsames Gefühl, vom Gedächtnis meines Vaters umlagert zu sein, das zum Teil jahrealt war. Ich wusste, dass er mit seinen Notizen nichts mehr hatte anfangen können. Hatte er einen Zettel beschrieben, konnte er ihn nicht mehr finden, nicht mehr lesen, nicht mehr einordnen. Manches schrieb er immer wieder auf.

Schon als mein Vater noch in seinem Haus wohnte und ich ihn inmitten seiner Notizen sah, die er nicht nutzen konnte, musste ich an die Formulierung denken, die der junge Hegel für das Gedächtnis gebraucht hatte: »Beinhaus der Wirklichkeiten«. Er unterschied das Gedächtnis, das Information nur lagere, von der Erinnerung, die von ihr Gebrauch mache.

Platon sah in der Schrift deshalb eine Gefahr für die Erinnerung. Im *Phaidros*-Dialog lässt er Sokrates die Geschichte vom ägyptischen Gott Theuth erzählen. Theuth hat die Schrift erfunden und stellt sie dem König Thamus vor. Der König bremst seine Begeisterung und tadelt ihn: »Denn diese Erfindung wird der Lernenden Seelen vielmehr Vergessenheit einflößen aus Vernachlässigung des Gedächtnisses.« Sie würden die Dinge aufschreiben und weglegen, statt sich mit ihnen zu beschäftigen, »nicht innerlich sich selbst und unmittelbar erinnern«.

Der Geschichtsschreiber Titus Livius hingegen pries die Schrift als »dem Andenken des Geschehens einzig treue Erhaltungsmittel«. Sie sei nicht so fehleranfällig wie das menschliche Gedächtnis und die mündliche Überlieferung. Er selbst hat in seinem Werk *Ab urbe condita* die Entwicklung der Stadt Rom seit der Gründung aufgeschrieben. Er starb um das Jahr 17 nach Christus, ein Teil der 142 Bücher ist bis heute erhalten. Die meisten Kenntnisse zur Geschichte Roms verdanken wir ihm.

Auch mein Vater hatte seine Wörter nicht umsonst aufgeschrieben. Seine Notizen dokumentieren minutiös, was ihn einmal beschäftigt hat. Ich konnte sie lesen, immer noch. Sein ausgelagertes Gedächtnis hatte die Jahre überdauert. Ich fragte mich, warum er bestimmte Wörter ausgewählt hatte und gegen das Vergessen sichern wollte und andere nicht. Was sie für ihn bedeuteten und was er mit ihnen festhielt.

Während ich darüber nachdachte, während ich hörte, wie mein Bruder im Garten den Rasen mähte, kam mir ein anderes Dokument in den Sinn. All die Jahre hatte sich niemand dafür interessiert, ich glaubte es hin und wieder aus den Augenwinkeln gesehen zu haben, auf dem Dachboden, ein Papier, das aus einer Kiste ragte. Ich fand es neben meiner Modelleisenbahn, zwischen aufgehäuftem Zeug, nicht weit von der Blechdose mit den Halsketten unserer Mutter. Ich blies den Staub ab, darunter erschien die Schrift meines Bruders, eine dünne Bleistiftschrift, sie war wackelig und nicht leicht zu entziffern:

Autofahrerin stirbt nach Zusammenstoß
Eine 66 Jahre alte Frau ist heute bei einem Verkehrsunfall auf der Bundesstraße 460 getötet worden. Wie es im Polizeibericht heißt, war die Frau gegen 13 Uhr Richtung Odenwald unterwegs. Dabei geriet ihr Fahrzeug aus bislang ungeklärter Ursache auf die Gegenfahrbahn und kollidierte dort mit dem entgegenkommenden Lastwagen einer Baufirma und mit einem Auto. Der 57 Jahre alte Lastwagenfahrer wurde leicht verletzt. Die Insassen des Personenwagens blieben unverletzt. Die Polizei schließt nicht aus, dass die Fahrerin einen Schwächeanfall erlitten und die Kontrolle über den Wagen verloren hat. Das Fahrzeug wurde auf Anordnung der Staatsanwaltschaft

sichergestellt. Außer der Polizei waren Feuerwehr, Notarzt und das Rote Kreuz sowie ein Kriseninterventionsteam zur Angehörigenbetreuung im Einsatz.
Die B 460 blieb bis 15:40 Uhr gesperrt.

Natürlich hatte ich nichts von dem vergessen, was in der Meldung stand. Wir wussten, wie unsere Mutter gestorben war (zumindest glaubten wir das). Doch als ich das Blatt in der Hand hielt, brachte mir die Bleistiftschrift meines Bruders plötzlich eine andere Erinnerung zurück: die Erinnerung an die Umstände ihrer Entstehung. Jener Abend erschien, wir drei Männer im Zimmer meines Bruders im Obergeschoss. »Schreib es ab«, wies mein Vater meinen Bruder an, »geht das?« Dann verließ er den Raum. Ich stand mit meinem Bruder unter dem kalten Licht der Deckenlampe, wir schauten auf den Röhrenfernseher auf dem niedrigen Tisch, auf dessen Bildschirm sich Buchstaben in Pixeln aufbauten. Mechanisch griff mein Bruder zu Block und Bleistift, setzte sich auf den Boden und schrieb.

Es war das Ende eines langen Tages, der uns in einer Weise gefordert hatte, die wir nicht kannten. Am frühen Nachmittag hatte ich die Bitte meines Vaters auf der Mailbox gehört: »Ruf schnell zurück.« Er klang verzweifelt, ich verstand, etwas Fürchterliches war geschehen, doch meine Fantasie war zu klein für die Wirklichkeit. Ich war in Berlin, in einem Arbeitsgespräch, wenig später saß ich im Zug nach Hause. Ich hatte das erstbeste Abteil genommen, die Frau gegenüber begann immer wieder ein Gespräch. Ich weiß nicht mehr, wie sie aussah, worum es ging, ich wollte ihr sagen: »Entschuldigen Sie, meine Mutter ist gerade gestorben, ich bin auf dem Weg zu ihr; ich möchte mit Ihnen nicht sprechen.« Stattdessen antwortete ich ihr mit unbeweglichem Gesicht in kürzer werdenden Sätzen, die mein Gehirn im Autopiloten entwarf. Es kostete mich weniger Kraft, als einen neuen Platz zu suchen. Zu Hause traf ich meinen Bruder und meinen Vater im Wohnzimmer an, unter dem ungedimmten Kronleuchter, auf dem Tisch ein Silbertablett mit Broten, die meine Tante für uns geschmiert hatte.

Der Sterbetag unserer Mutter war für unseren Vater ein Terminmarathon gewesen: Polizei, Psychologen, Notärztin. Der Pfarrer, der Bestatter. Verwandte, Nachbarn. Wir waren müde wie nie, ohne es zu merken, das Adrenalin vertrieb alles.

Ich weiß nicht, wer an diesem Abend auf den Gedanken gekommen war, den Fernseher anzuschalten und in den Videotext zu schauen. In Nachrichtensprache stand dort, was für das Nachrichtenpublikum eine alltägliche Polizeimeldung war; sechzehn Verkehrstote gab es in jenem Jahr täglich in Deutschland, wie ich später recherchierte. Für unsere Familie war es die Konkretisierung einer Statistik, der Eintritt einer Wahrscheinlichkeit (und das Ausbleiben einer Unwahrscheinlichkeit), des nicht Dagewesenen und nicht Wiederholbaren. Für alle anderen war es ein statistischer Wert. Am nächsten Morgen würde die Nachricht verschwunden sein, die Seite aktualisiert, überschrieben mit neueren Meldungen, die dann interessanter sein würden. Die Straßensperrung war seit Stunden aufgehoben; für die Allgemeinheit war der Ausnahmezustand beendet.

Ich glaube, mein Vater konnte die Meldung an dem Abend nicht lesen. Aber sie war für ihn eine Wertsache, und er wollte sie sichern, konservieren für die Zukunft.

Ausdrucken war nicht möglich, und Handykameras hatten wir nicht. Uns blieb, wie im Mittelalter, das Abschreiben.

Das Bild meines auf dem Boden sitzenden Bruders, die Knie angewinkelt, das Papier auf den Oberschenkeln, ist das Letzte, das ich von dem Abend in Erinnerung habe. Danach ging ich in mein Zimmer, schluckte die Schlaftablette, die mir mein bester Freund am Gleis in Berlin in die Hand gedrückt hatte, schlief ein und wachte früh wieder auf.

Als ich das Blatt in der Hand hielt, fragte ich mich wie bei Vaters Zetteln, warum wir die Meldung aufgeschrieben hatten. Warum mein Vater das gewollt und mein Bruder es getan hatte. Was wir damit bewahren wollten. Die Sätze enthielten nichts, was wir nicht wussten oder jemals vergessen würden.

Das unbewohnte Haus, ich sah mich weiter darin um. Mein Vater war auch in den Lücken an den Wänden präsent. Die Bilder, die Jahrzehnte dort gehangen hatten, waren jetzt bei ihm in Berlin, man konnte ihre Umrisse auf den Tapeten erkennen. Meine Augen sprangen über die Leerstellen, und ich sah den Vater vor mir in seinem Zimmer, überlegte, wie es ihm gehen mochte. Wie der Pflegerin. Ob sie zufrieden war, weil ich nicht kam. Ob sie es nun einfacher hatte oder schwerer.

Mein Blick fiel auf den Schrank. Es war der Schrank, um den wir uns damals gesorgt hatten. Als wir mit dem Vater überstürzt nach Berlin aufbrachen, blieb uns ein Wochenende, um zwei Koffer zu packen und notdürftige Erledigungen vorzunehmen, mit denen wir das Haus winterfest zurücklassen würden. Einbruchsicher würden wir es nicht machen können. Fenster und Türen sind zu alt, wer hineinwill, kommt hinein. Welche Wertsachen sollten wir in Sicherheit bringen? Mein Bruder nahm seine Geige mit, daneben fiel uns, auch nach längerem Nachdenken, nichts von Wert ein.

»Außer den Fotos«, sagte mein Bruder.

Die Fotos hatten wir jahrelang nicht angeschaut. Eigentlich hatten wir sie nie richtig angeschaut. Es fehlte immer die Zeit, und die Fotos waren ja da. Was, wenn sie jetzt gestohlen würden?

In der Hektik der angebrochenen Nacht, Stunden vor dem Aufbruch, setzten wir uns im Schneidersitz auf den Boden und öffneten die schwergängige Tür im Wohnzimmerschrank rechts unten. Etwa dreißig Alben standen darin, manche dick, andere dünn, manche in Leinen gebunden, andere mit kaltem Kunststoffumschlag. Vor allem unsere Mutter hatte über Jahrzehnte das Familienleben dokumentiert, und zwar in dreifacher Ausfertigung. Für jeden Lebensabschnitt hatte sie ein Album für meinen Bruder angelegt, eines für mich und zusätzlich ein »Familienalbum«. Sie hatte von Anfang an bedacht, was eingetreten war: dass wir alle an verschiedenen Orten wohnen könnten. Niemand sollte auf die Bilder seines Lebens verzichten. Vielleicht aus Ehrfurcht, vielleicht auch aus Ratlosigkeit hatten wir sie bis dahin nicht mitgenommen.

In jener Nacht vor der Abreise begannen wir mit der Durchsicht, hilflos. Wir wollten unserem Vater ein Stück seiner Vergangenheit mitgeben. Ich hatte gelesen, wie wichtig es war, an Demenz erkrankte Menschen immer wieder mit ihrer Biografie zu konfrontieren, ihnen die Bilder ihres Lebens zu zeigen, über sie zu sprechen, damit sie so lange wie möglich eine Ahnung davon behalten, wer sie sind.

Bei den meisten Alben hatte unsere Mutter darüber befunden, was den Wert des Bewahrens besaß und was nicht. Sie hatte das Archiv begründet. Nach einigem Suchen stießen wir jedoch auf eine Besonderheit: ein Album, das unser Vater angelegt hatte, lange bevor er unsere Mutter kennenlernte. Es war ein kleineres, besonders liebevoll gestaltetes Album; man sah, dass unserem Vater der Inhalt teuer war. Es bebilderte die Jahre 1963 bis 1965, seine Zeit nach der Schule, beim Militär. Es war eine Zeit, von der er immer wieder erzählt hatte, »als ich Soldat war«, leitete er die Erinnerungen ein, in denen er Kameradschaft erlebt hatte und Abenteuer, herumgekommen war in der Welt. Die Bilder zeigten ihn oft lachend. Als Zweites entschieden wir uns für ein »Familienalbum 1986, 87, 88«. In ihm häuften sich Ereignisse, runde Geburtstage, Reisen, Erstkommunion, Fasching, Sternsinger, Ausflüge, Schulfest, Fahrradtouren. Es zeigte unsere Familie vollständig, glücklich. Auch dieses Album hatte teilweise unser Vater beschriftet. Wir steckten die Bücher in den Koffer, der jetzt voll war.

Den Rest ließen wir im Haus. Das Archiv unserer Mutter; archein: altgriechisch für »herrschen«. Die Herrschaft über die Bilder war auf uns übergegangen. Würden sie auch für Einbrecher einen Wert haben? Wir hatten uns damals angeschaut und unsicher den Kopf geschüttelt. Wir hatten den Schrank verschlossen, das Licht gelöscht.

Jetzt stand ich zum ersten Mal nach dem plötzlichen Aufbruch wieder davor. Ich öffnete den Schrank. Die Bilder waren noch da. Und mit ihnen die Angst, sie könnten verschwinden.

Mir schoss der berühmte Satz in den Kopf, mit dem Annie Ernaux ihr Buch *Die Jahre* eröffnet: »Alle Bilder werden verschwinden.« Er steht dort wie eine Motivation, gegen das Verschwinden anzukämpfen, wie ein Antrieb für den gesamten Text. Die Bilder »werden mit einem Schlag erlöschen«, schreibt Ernaux, »wie zuvor die Millionen Bilder im Kopf der Großeltern, gestorben vor einem halben Jahrhundert, wie die Bilder im Kopf der Eltern, die ebenfalls nicht mehr sind«.

Bevor die Bilder aus ihrem Kopf verschwinden, lagert Ernaux sie in die Schrift aus, indem sie die Jahre ihres Lebens rekapituliert, Fotos betrachtet und beschreibt. Sie lagert nicht nur die Bilder aus, sondern auch die Wörter, Melodien und Listen, die Zeitungsartikel, Gegenstände und Stimmungen. Die Schrift wird sie bewahren.

Die Angst vor dem Verschwinden der Bilder erschien mir plötzlich als Triebkraft, die ich unterschätzt hatte. Es war diese Angst, mit der wir unser Haus zurückgelassen hatten. Es war diese Angst, die unsere Mutter veranlasst hatte, alles zu fotografieren und mehrfach zu archivieren. Es war diese Angst, die uns dazu gebracht hatte, eine Videotextseite abzuschreiben. War es auch die Angst, die meinen Vater durch das Haus getrieben hatte, ihn überall seine Zettel hatte ablegen lassen?

Warum hatten wir solche Angst vor dem Verschwinden der Bilder? Was wollten wir bewahren, indem wir die Bilder bewahrten, die Wörter und Töne?

Die Tage waren heiß. Wir gingen an den See. Wir fuhren mit meiner Nichte auf dem neuen Schlauchboot hinaus, das ein Geburtstagsgeschenk gewesen war. Abends setzten wir uns auf die Terrasse. Mein Bruder machte Feuer in dem Grill, den jahrelang unser Vater bedient hatte. Wir saßen bis in die Nacht. Die Gemeinschaft fühlte sich tröstlich an.

Auf dem Weg ins Schlafzimmer überkam mich an jenem Abend eine Ahnung, worauf sich die Angst vor dem Verschwinden der Bilder richten könnte. Ich glaubte zu spüren: Die Angst vor dem Verschwinden der Bilder war eine Angst vor dem Alleinsein.

Der kurze Moment vor dem Fernseher, als wir die Meldung über den Unfall unserer Mutter lasen, hatte uns an jenem Abend, in der Dunkelheit des Dezembers, in der unvollständigen Dreiergruppe im Geburtshaus unserer Mutter, das Gefühl gegeben, nicht allein zu sein. Er hatte uns gezeigt, dass die Welt sich um unsere Geschichte scherte, uns zur Kenntnis nahm. Dass wir nicht im Geheimen kämpften.

Die Familienfotos in unserem Wohnzimmerschrank, dreifach vorhanden, jedes Ereignis für jeden. Auch sie bewahrten unsere Familienmitglieder vor dem Gefühl, allein zu sein.

Die Zettel, die mein Vater über sein Haus verstreut hatte, mit scheinbar belanglosen Alltäglichkeiten, Namen von Fernsehmoderatoren, Begriffen aus dem Radio, konnte ich jetzt als verzweifelten Versuch deuten, nicht den Anschluss zu verlieren. Gemeinsamen Boden zu halten, mit uns, mit allen. Nicht allein zu sein.

Die Gedächtnistrainerin, die mit meinem Vater alte Lieder und Redensarten ebenso durchgearbeitet hatte wie neue Nachrichten, Fußballergebnisse, Namen der Politiker, die kamen und gingen – auch sie erschien mir als Versuch, nicht allein zu sein.

Die Psychologinnen Abby Boytos und Kristi Costabile konnten belegen, dass das Teilen autobiografischer Erinnerungen einen wichtigen Beitrag zum psychischen Wohlbefinden leistet. Das Reden über eine gemeinsame Vergangenheit. Das Haben einer gemeinsamen Vergangenheit.

Erinnerung, dachte ich, als ich an jenem Abend einschlief, kann ein Notfallsammelpunkt sein. Ein gemeinsamer Ort, den wir kennen, an dem man uns kennt, den wir teilen. Den wir aufsuchen, wenn es eng wird.

Am nächsten Morgen, als wir den Frühstückstisch deckten, fiel mir die kleinste Lücke an der Wand auf. Sie war in der Küche neben dem Frühstücksplatz unseres Vaters. Dort hatte ein Foto gehangen, das er selbst ausgesucht hatte, um es mit nach Berlin zu nehmen. Es misst nur wenige Zentimeter, es zeigt mich als Kind, wie ich im Garten mit gespanntem Blick an einer Tanne lausche. »Das habe ich so gern«, hatte mein Vater gesagt.

In den ersten Tagen nach seiner Ankunft in Berlin hatte er jede Nacht sein Zimmer durchwühlt. Ich fand das kleine Foto unter dem Bett, auf der Toilette, im Flur, nicht weit vom Abfluss, vom Wäschesack, vom Mülleimer. Ich fürchtete, es könnte verschwinden. Ich ersetzte es durch eine Farbkopie; sie sieht aus wie das Original, und wenn sie verloren geht, mache ich eine neue. Das Original hängt jetzt in meinem Arbeitszimmer. Ich hatte es gemacht wie unsere Mutter mit den anderen Familienfotos, für jeden von uns einen Abzug. Wir teilten das Bild, wir teilten die Erinnerung, die Wirklichkeit.

Beim Frühstück stellte ich mir vor, wie mein Vater jetzt auch frühstückte, an seinem Tisch in Berlin, neben dem die kleine Farbkopie in ihrem Rahmen hing. Ich musste daran denken, wie er manchmal auf das Foto zeigte, mich anschaute und nickte.

Noch stellte er eine Verbindung her zwischen dem Menschen auf dem Foto und mir. Noch hatte ich mit meinem Vater einen gemeinsamen Notfallsammelpunkt. Noch hatten wir Dinge, über die wir sprechen konnten. Noch wusste er, wer ich war. Hin und wieder sagte er meinen Namen.

Es gab aber auch solche Tage:

»Weißt du eigentlich, wer ich bin?«

»Ich bitte dich, natürlich!«

»Wer bin ich denn?«

Nach einer Weile des Nachdenkens: »Du bist ständig jemand anderes.«

Es würde der Tag anbrechen, an dem mein Vater nichts mehr mit mir anfangen konnte. Davor hatte ich Angst. Dann würde er ganz allein sein. Auch deshalb ging ich so oft zu ihm.

Ich verspürte den Drang, nach Berlin zurückzureisen.

Was *Die Jahre* besonders macht, ist vor allem die Form. Annie Ernaux schreibt nicht als Icherzählerin. Sie schreibt »wir«, sie schreibt »man«, sie betrachtet sich auf den Fotos wie eine Fremde und erzählt von sich in der dritten Person. Sie schreibt ihre Biografie unpersönlich, als wäre es eine Biografie von uns allen. Sie schreibt nicht nur ihr Leben, sie schreibt unser Leben, das Leben. Es sind alltägliche Vorkommnisse, wie sie mein Vater auf seinen Zetteln notierte, viele für sich genommen nicht bedeutsam. Durch das Festhalten und durch die Art des Festhaltens jedoch bekommen sie eine Bedeutung: Ich war dabei. Ich bin nicht allein. Wir sind nicht allein.

Zurück in Berlin, gehe ich sofort zum Vater. Ich verstoße mit Vorsatz gegen die Hausregeln und trage in seinem Zimmer keine Schutzmaske. Ich will, dass er in der Zeit, die uns bleibt, mein Gesicht sieht.

»Natürlich können Sie kommen, sooft Sie wollen«, sagt auf dem Flur die Pflegerin zu mir. »Es ist doch Ihr Papa.«

Sie schaut mich durch ihre schwere Brille an, rückt die Schutzmaske zurecht.

»Er erinnert mich an meinen Vater«, sagt sie dann. »Er ist genauso alt. Er lebt nicht mehr.«

KOSTBARE FRAGMENTE

Mein Vater hat die Zeit verloren. Nachts wacht er, läuft durchs Haus, wird auf fremden Etagen gesehen. Am Tag, in der Mitte eines Wortes, legt er sich aufs Bett und schließt die Augen. Das ist die Tag-Nacht-Umkehr, ein Symptom der Demenz.

Ich versuche, ihn am Tag wach zu halten, doch wenn ihn der Schlaf besiegt, setze ich mich in den Sessel neben seinem Bett und blättere in dem Buch, das im Regal steht und die goldene Schrift *Familienchronik seit 1867* trägt. Die Beziehung meines Vaters zu dem Buch ist wechselhaft. Wir haben es erst vor drei Jahren bekommen, bei einem Familientreffen im Herbst, bevor die Pandemie ausbrach.

Damals fuhr ich mit meinem Vater in die Vergangenheit. Mein Vater hat keine Geschwister, aber am Niederrhein leben einige Verwandte. Die Verbindung war abgebrochen, wie die meisten Sozialkontakte hatte mein Vater sie einschlafen lassen. Viele Jahre nach unserer letzten Begegnung hatte eine seiner Cousinen ein Buch von mir gelesen und mir eine E-Mail geschrieben. Wir telefonierten, sie schlug ein Familientreffen vor. Ich überredete meinen Vater, für drei Nächte mit mir in seine Heimat zu fahren;

wir reisten am Tag vor dem Treffen an, bezogen zwei Einzelzimmer im Hotel und machten uns auf die Suche nach Erinnerung.

Ich wollte so sehr, dass er sich erinnert, wollte angenehme Gefühle in ihm hervorrufen, durch das Wiedersehen seiner Heimat, seiner Familie. Auch ich selbst freute mich auf das Erinnern. Hier hatten wir früher unsere Oma besucht, in ihrem alten Haus mit der Toilette neben der Treppe, mit dem Garten und der Werkstatt, in der einmal ein Schreiner gearbeitet hatte. Für meinen Bruder und mich hatte es unerschöpfliche Spielmöglichkeiten gegeben, und ringsum war richtige Stadt, mit Hupkonzert, Kaufhaus, Menschenmenge, nicht die Ländlichkeit, in der wir lebten. Jeder Besuch war Abenteuer gewesen.

Ich lief mit meinem Vater durchs Zentrum. Wir kamen dort vorbei, wo das Modegeschäft gestanden hatte, in dem meine Mutter oft so lange Blusen anprobierte, bis mein Bruder und ich weinten, das Spielzeuggeschäft »Puppenkönig«, in dem wir unsere Weihnachtsgeschenke ausgesucht hatten, wir gingen in ein Restaurant, in dem wir Familienfeste gefeiert hatten. Wir schauten in die Kirche, in die wir an Sonntagen unsere Oma begleitet hatten. Wir fuhren zu dem Gymnasium, auf das mein Vater gegangen war, er zeigte mir vom Hof aus, hinter welchem Fenster sein Klassenraum gewesen war, an welcher Stelle sein Platz. Zum Schluss suchten wir das Haus mit der Nummer 21 auf, das Haus meiner Oma. Obwohl es schon lange jemand anderem gehörte, sah es aus wie früher. Ich stellte mir hinter den Gardinen im zweiten Stock das Wohnzimmer mit den Teppichen vor, dort hatten wir beieinandergesessen. Die Bilder kamen.

Trotzdem war ich enttäuscht. Ich war enttäuscht darüber, wie nüchtern mein Vater alles betrachtete, als handelte es sich um eine Führung mit dem Geschichtsverein einer x-beliebigen Stadt. Und ich war enttäuscht darüber, wie wenig die Erinnerung mich selbst berührte.

Als wir ratlos vor der Haustür standen, ging ich in die Hocke, öffnete den Briefkastenschlitz und schaute ins Treppenhaus. Während mein Vater schimpfte, ich solle nicht so neugierig sein, schlug mir der Geruch entgegen, in dem mit einem Mal alles lag, was ich vermisst hatte: eine Mischung aus Linoleum, alter Farbe und Gewächshaus. Plötzlich war alles da, die Aufregung, mit der wir Kinder spätabends ins Treppenhaus stürmten und die die Übermüdung von der Autofahrt vertrieb, die auf Putz verlegten Kabel, das Fahrrad mit dem Weidenkorb, das die Mieterin aus dem Erdgeschoss im Flur abstellte, ihre Setzlinge in den Pflanzentöpfen. In meiner Fantasie gesellten sich eilig andere Gerüche dazu: Der Moder des Kellers, der feuchten Wänden und einer Gefriertruhe entstieg; dort unten, eine enge Holztreppe hinab, hatte ich manchmal heimlich die *Bravo* gelesen. Der Geruch der Gastherme im Badezimmer, wo wir mit nackten Füßen auf dem weichen Teppich gestanden hatten. Der Salmiakgeruch aus der Werkstatt, die geheimnisvolle Flasche, aus der er kroch, aufgekratzt waren wir über die Leiter aufs Flachdach geklettert.

Wir gingen weiter, es wurde dunkel, und plötzlich, aus dem Nichts, rief jemand meinen Vater beim Namen. Mein Vater erkannte die Stimme sofort, ein Klassenkamerad, die beiden hatten sich über fünfzig Jahre nicht gesehen, der Zufall kaum zu glauben. Zum ersten Mal, seit wir in seiner

Heimat angekommen waren, lachte mein Vater und wurde für seine Verhältnisse gesprächig.

Sosehr wir uns angestrengt hatten, Erinnerungsbilder mit der Kraft des Willens zu erzeugen – erst die unwillkürlichen Erinnerungen setzten Gefühle frei, ausgelöst durch einen Geruch und eine Stimme.

Vor dem Haus meiner Oma hatten mein Vater und ich einen »Proust-Moment« erlebt. In seinem Roman *Auf der Suche nach der verlorenen Zeit* beschreibt Marcel Proust, wie sich der Icherzähler an seine Kindheit erinnern will. Zunächst gelingt es ihm nicht. Erst als er ein Gebäckstück isst, erscheint ihm »ganz plötzlich die Erinnerung«. Der Geschmack ruft den Gedanken an das Madeleine hervor, »das meine Tante Léonie mir eines Sonntagmorgens, als ich in ihr Zimmer ging, um ihr guten Morgen zu sagen (denn an diesem Tag ging ich nicht vor der Messe aus dem Haus), in Combray angeboten hatte, nachdem sie es in ihren Aufguss von Teeblättern oder Lindenblüten getaucht hatte«.

Der Roman entstand in einer Zeit, in der unwillkürliche Erinnerungen erstmals größere Beachtung fanden. Zu Beginn des zwanzigsten Jahrhunderts hatte Sigmund Freud sein Konzept des Unbewussten entwickelt. Der französische Philosoph Henri Bergson hatte in seinem Werk *Materie und Gedächtnis* das Wiedererkennen untersucht, die spontane, Assoziationsgesetzen folgende Erinnerung. Inspiriert durch die zeitgenössischen Diskurse entwickelte Proust eine Erinnerungspoetik um das, was er »mémoire involontaire« nannte. Die Erinnerung kommt dabei unkontrolliert beim Schreiben, als würden die Stücke per Zufallsgenerator ausgewählt aus dem Archiv gebracht. Proust betonte die Vorzüge der unwillkürlichen Erinnerung: Nur sie und nicht die willentliche Erinnerung eröffnet dem Erzähler den Zugang zur Wahrheit. Nur sie und nicht die willentliche Erinnerung ermöglicht ihm, die verlorene Zeit wiederzufinden, Lebensbruchstücke zu rekonstruieren und aufzuschreiben.

Unwillkürliche Erinnerungen sind inzwischen gut erforscht. Untersuchungen scheinen Prousts Behauptung zu bestätigen, dass sie näher an der Wirklichkeit sind als willentliche Erinnerungen. Es handelt sich um Szenen, die seltener abgerufen werden und deshalb weniger abgenutzt sind. Weil sich die Erinnerung mit jedem Abruf verändert, sind sie näher am Original geblieben. Sie sind konkreter, anschaulicher, detailreicher. Ihre Wucht ist stärker, denn sie treffen uns unvorbereitet. Ihre Auslöser scheinen unbegrenzt. Es können Umwelteinflüsse sein, ein Geschmack, ein Geruch, ein Geräusch. Es können Wörter sein, Gedanken, andere Erinnerungen. Sie treten beim Autofahren auf, beim Denken, Wandern, Reden, beim Zuhören, Spielen. Manche Forscher gehen davon aus, dass unwillkürliche Erinnerungen nur zufällige Beimischungen im menschlichen Bewusstseinsstrom sind. Anderen Theorien zufolge sind sie wie ein Knoten im Taschentuch, der uns zur richtigen Zeit an die richtigen Dinge erinnert: Wenn wir ein Problem lösen müssen oder in Gefahr geraten, kommen unwillkürliche Erinnerungen an ähnliche Situationen zu Hilfe. Wieder andere gehen davon aus, dass unwillkürliche Erinnerungen unser Identitätsgefühl stärken, indem sie uns immer wieder auf unsere Lebensthemen stoßen, auf unsere Werte und Ziele.

Studien deuten darauf hin, dass unsere Fähigkeit zur willentlichen Erinnerung nachlässt, wenn wir älter werden, dass unwillkürliche Erinnerungen aber fast unvermindert häufig auftreten. Und es gibt Anzeichen dafür, dass Demenzkranke noch unwillkürliche Erinnerungen haben, wenn sie willentliche nicht mehr abrufen können.

Unwillkürliche Erinnerungen an positive Erlebnisse sind Stimmungsaufheller, zumindest bei nichtdepressiven Menschen. Die Wissenschaft spricht von einem »Mood Repair Effect«, von Stimmungsreparatur. Die Psychologin Marigold Linton nannte sie »precious fragments«, kostbare Fragmente.

Je mehr mein Vater das willentliche Erinnern verliert, desto mehr versuche ich, ihm Gelegenheiten für unwillkürliche Erinnerungen zu schaffen. Ich habe den Eindruck, die kostbaren Fragmente können eine Brücke sein, über die ich mit dem Vater in Kontakt bleibe.

An manchen Nachmittagen, während meine Freunde an einem Schreibtisch arbeiten, in Warnweste über ein Rollfeld laufen oder in einer Arztpraxis stehen (Wochentage), sich im Fitnessstudio, Café oder Museum aufhalten (Wochenende), sitze ich neben meinem Vater in einem Festsaal mit Spiegelwänden und singe *Tulpen aus Amsterdam*. Dann ist der Mann mit dem Akkordeon in der »Residenz«, er spielt die Lieder, die sie hier kennen; die Leute lachen, ihre Gesichter werden weich. Mein Vater lacht in den Teller mit Kuchen, er singt mit, bewegt den Kopf, murmelt den Text noch, wenn das Lied verklungen ist.

Die guten Gefühle kommen bei uns beiden.

Ich muss an den Tag denken, als ich zehn Jahre alt war und mein Cousin mir seine ausrangierte Stereoanlage schenkte, eine klobige Kiste mit einem Kabel als Antenne.

Mit meinem Vater stellte ich sie auf und nahm sie in Betrieb. *Tulpen aus Amsterdam* war das erste Lied, das herauskam. Mein Vater summte auch damals mit; das sei ein bekanntes Lied, erklärte er mir. Ich sang es später auf dem Pausenhof, die anderen lachten, und ich wusste nicht, ob sie sich freuten oder mich auslachten. Nur einmal, als ich mit einem Jungen aus meiner Klasse allein war, sagte er: »Kannst du das nochmal singen, das klang so schön.«

Musik gleich welcher Gattung war für meinen Vater immer ein Stimmungsaufheller. Mal sang er in der Küche das lateinische Glaubensbekenntnis, mal hörte er Beethoven aus dem CD-Spieler, mal Schlager aus dem Radio. Mit seiner Männerturngruppe trat er zu Marschmusik auf. Einige Jahre nahm er Klavierunterricht. Später, als er schon krank war, wurde er unglücklich, wenn er seinen Radiosender verstellt hatte, und das Unglück dauerte an, bis er seine Musik wiederfand. Heute versteht er nicht mehr, dass Weihnachten ist, aber wenn ich ihm *Last Christmas* vorspiele, ruft er beim ersten Takt »Oh ja!«.

O du fröhliche singt er noch mit, die Augen geschlossen vor Konzentration, alle Strophen.

Donnerstags kommt die Frau mit der Gitarre in die »Residenz«. Sie hat es nicht leicht, mein Vater sitzt nicht still, andere Bewohner fühlen sich gestört, es kommt zu Streit, denn krank sind alle. Ich bitte die Frau mit der Gitarre, es immer wieder zu versuchen. Gelingt es, ist mein Vater für den Rest des Tages ein anderer Mensch. Er redet, erzählt von den Liedern. »Er hat kräftig mitgesungen«, flüstern die Damen, die ein paar Zimmer weiter wohnen, und nicken in seine Richtung. Er lacht zurück, und manchmal entwickelt sich ein Gespräch.

Lange war auch Fußball eine Möglichkeit, den Vater zu erreichen und zu erfreuen. Gerne hätte er mir beigebracht, wie man Fußball spielt. Doch mein Bruder und ich interessierten sich nicht dafür. Unsere Mutter, die Lehrerin, verachtete Fußball, ihrer Ansicht nach hielt er die Kinder vom Lernen ab. Erst als mein Freund in die Familie kam, fand mein Vater jemanden, mit dem er über Fußball reden konnte; wohl auch deshalb vergisst ihn mein Vater nicht. Als seine Krankheit kam, informierte sich die Gedächtnistrainerin über seine Lieblingsmannschaft *Borussia Mönchengladbach*, besprach mit ihm Spieler, Trainer, Ergebnisse, Gerüchte. Irgendwann passten seine Kommentare nicht mehr zum Geschehen auf dem Bildschirm, er konnte den Spielen nicht mehr folgen. Doch versetzt ihn das Wort »Fußball« bis heute in interessierte Stimmung.

Beim Schreiben habe ich eine unwillkürliche Erinnerung. Ich muss daran denken, wie ich mit meinem Vater in ein Restaurant kam, um meinen Onkel mit seiner Familie zu treffen. Es war sein letzter Monat zu Hause, mein Vater tat sich schon schwer, Dinge zu erkennen, die Garderobe, den Stuhl, die Serviette. Die Vertrauten am Tisch nahm er kaum wahr, starrte verloren in die Karte. An jenem Abend muss den Verwandten bewusst geworden sein, wie es um ihn stand. Alle schwiegen betroffen, während die Gäste um uns lärmten. Da schaute mein Vater plötzlich auf, hob den Zeigefinger und sagte, ganz leise: »Fußball.« Erst jetzt fiel mir auf, dass im Hintergrund ein Radiosender lief, in dem sie die Spielergebnisse vom Wochenende meldeten. Inmitten des Trubels hatte mein Vater wahrgenommen, was mir entgangen war. Doch er drang nicht durch, und sein Versuch, mit uns in Kontakt zu treten, schlug fehl.

Untersuchungen deuten darauf hin, dass unwillkürliche Erinnerungen häufiger gut sind als schlecht. Sind sie aber schlecht, verfolgen sie uns als Eindringlinge.

Als mein Vater den Wunsch äußerte, ins Kino zu gehen, dachte ich, auch das habe mit seiner Fußballleidenschaft zu tun. Ich habe mit meinem Vater meinen ersten Kinofilm gesehen, *Bambi* (ich war acht), das war auch sein erster Film gewesen (er sieben), wir saßen nebeneinander in den Kleinstadtlichtspielen, es roch nach ungereinigtem Polster, es war dunkel und schön und traurig. Ein Kinogänger war mein Vater aber nie. Deshalb überraschte es mich, als er zwanzig Jahre später noch einmal ins Kino wollte.

Es war das Jahr 2003, ich war vom Studieren aus New York zurückgekehrt, wo Terroristen die Türme des World Trade Center zum Einsturz gebracht hatten, ich wohnte in meiner ersten Zweizimmerwohnung in Köln, meine Eltern besuchten mich übers Wochenende, von uns unbemerkt war das letzte Lebensjahr meiner Mutter angebrochen, wir bauten am Nachmittag Möbel auf, saßen abends auf der Empore in einem gigantischen Kino, die Leinwand so fern, dass der Lichtkegel als geometrische Anfassfigur vor uns stand, und sahen *Das Wunder von Bern*. Mein Vater war ungewohnt lebendig. Er erklärte meiner Mutter und mir, wie das war, 1954, das Endspiel im Radio: die Aufregung, Fritz Walter, zwei Tore, der Schock, der deutsche Treffer, der Regen, das Schlammfeld, die neuen Schuhe, Adi Dassler, das drei zu zwei, das Abseits, das Ausrasten des Radiokommentators Herbert Zimmermann, das Ausrasten von allen, das neue Zeitalter.

Mein Vater sprach nicht über: den anderen Handlungsstrang des Films. Über den Vater, der aus zwölf Jahren Krieg und Gefangenschaft zurückkehrte und mit seiner Familie keine Worte fand.

»Das wollte er dir sagen«, sagte meine Mutter mir ins Ohr, als wir aus dem Kino gingen.

Nach Sigmund Freud sind Erinnerungen, die uns nicht loslassen, keine Erinnerungen. Es sind traumatische Erlebnisse, die präsent bleiben. Sie werden keine Vergangenheit, zu der man »eine Gebärde der Besichtigung« einnehmen kann, wie Eva Sturm sagen würde. Sie können nicht erzählt werden, nur wiedererlebt. Auch sie kehren unwillkürlich wieder, immer wieder.

Meine Opas haben den Krieg überlebt, aber nicht ihre Herzinfarkte. Keinem von ihnen bin ich begegnet. Den Vater meiner Mutter habe ich trotzdem kennengelernt, er ist mir durch ihre Erzählungen lebendig geworden, mit Körper und Persönlichkeit. Ich weiß, wann er die Peitsche einsetzte, welche Zeitung er las und welche er verachtete und wo er die Wurstkonserven vor dem Feind einmauerte. Ich weiß, welche Sätze er sagte, und kann mir seine Stimme vorstellen.

Vom Vater meines Vaters habe ich keinen Satz im Kopf, keinen Klang, keine Geste. Ein einziges Foto kenne ich von ihm. Es ist ein Porträtfoto, es sieht aus, wie Porträtfotos damals aussahen, der Mann darauf ist gekämmt, schaut ernst, die Lippen geschlossen. Der Anzug, die Krawatte, die Augen, die Haare: Man kann sich kaum vorstellen, dass etwas davon eine andere Farbe hätte als Schwarz, selbst wenn es ein Farbfoto wäre. Der Gesichtsausdruck verrät nichts, keine Idee davon, wie dieser Mann gegessen haben mag, gelacht oder geküsst.

Von den Männern in der Familie meines Vaters kenne ich nur grobe biografische Angaben: Mein Uropa war »Polizei-Sergeant« in dem Ort am Niederrhein. Im Hof neben seiner Wohnung hatte er ein Gefängnis aus Backstein, in dem oft Schmuggler saßen und Jahrzehnte später mein Bruder und ich Räuber und Gendarm spielten. Auch hier erinnere ich mich an den Geruch; in den Zellen lag Teppich.

»Mich hat mein Vater beeinflusst«, sagte mein Vater einmal zu mir, es war ein Sommerabend nach meinem Abitur, wir saßen mit kurzen Hosen auf der Terrasse, unser Thema war die Berufswahl. »Er war Kriminalkommissar.« Mein Opa wurde, wie sein Vater, Polizist. Und mein Vater wurde, der Familientradition von Recht und Gesetz folgend, Jurist. Es ist das einzige Mal, dass mein Vater mit mir über seinen Vater gesprochen hat.

Das Bild, das ich von meinem Opa väterlicherseits im Kopf habe, verlangt Fantasie, um sich statt der Krawatte die Uniform vorzustellen oder die Gefangenenkleidung, statt der Porträthaltung ein Liegen im Schützengraben oder ein Gepresstsein in die Ecke eines Lagers. Er war Spätheimkehrer, wie der Vater im Film. Zehneinhalb Jahre war er weg gewesen, zwei Jahre im »militär-polizeilichen« Kriegseinsatz in Frankreich, dann in amerikanischer, später französischer Gefangenschaft. Wie der Vater im Film stieß er bei seiner Rückkehr auf einen Sohn, den er nie gesehen hatte. Meine Oma hatte das Kind im Juni 1943 allein zur Welt gebracht. In der siebten Nacht nach der Geburt wurde mein Vater mit seiner Mutter »total fliegergeschädigt«, wie es in den späteren Behördenbriefen steht. Sein Geburtsort Mönchengladbach erlebte die schwersten Luftangriffe des Krieges. In einem Zeitungsarchiv habe ich Fotos gefunden, sie zeigen die Straßen, auf denen wir später liefen, gesäumt von Ruinen, versperrt durch Trümmer. Mein Vater lag auf dem Schoß seiner Mutter im Keller, zu zweit suchten sie eine neue Unterkunft. Mit sieben schrieb mein Vater seinem unbekannten Vater einen Weihnachtsbrief in die Ferne, legte sein erstes Schulzeugnis bei. Als der Vater zurückkam, fand er keinen Anschluss an die Familie, keinen Zugang zum Sohn.

Das weiß ich von den Frauen. Meine Oma hat es meiner Mutter erzählt, und die hat es mir erzählt. Mein Opa konnte mit seinem Sohn nicht sprechen über das, was er erlebt hatte im Krieg und in der Gefangenschaft. Und mein Vater konnte mit mir nicht über ihn sprechen.

Dabei war es damals fast allen so ergangen, fast alle hatten den Vater auf eine der zwei Weisen verloren, durch Tod oder Trauma.

Die spanische Schriftstellerin Almudena Grandes beschreibt in ihrem Roman *Los besos en el pan*, wie die Kinder von den Eltern den Brauch übernahmen, ein zu Boden gefallenes Brotstück aufzuheben und zu küssen. Es war ein Brauch aus Zeiten des Hungers. Obwohl diese Zeiten vorbei waren, obwohl der Hunger »ein für uns schon unbekanntes Erbe« geworden war, ließen ihn die Küsse auf dem Brot mit am Tisch sitzen, ebenso wie die Omeletts mit dem ekelhaften Geschmack, denn die Großeltern warfen auch das Ei nicht weg, in dem sie den Fisch paniert hatten. »Aber wir erinnerten nicht die Traurigkeit«, schreibt Grandes. Der

Hunger vergangener Zeiten ist Geschichtswissen; nachfühlen kann man ihn nicht.

Mein Vater konnte das Männerschweigen seiner Familie nie abschütteln. Wohl deshalb sagte er oft bei Tisch, ich will essen, nicht sprechen. So mischt sich in meine Kindheitserinnerungen das Erbe der Wortkargheit, mit der mein Vater aufwuchs. Er wollte es besser machen. Er war für uns da, musste auch nicht in den Krieg. Ich würde sagen, man kann mit ihm über alles reden, solange der Tonfall sachlich ist. Als fragte man ihn um Hilfe bei einem Referat für die Schule. Dann geht es.

Die Traurigkeit, die Unerträglichkeit des Nichtredens, übertrug sich nicht. Aber das Schweigen ist bis heute gegenwärtig, selbst wenn es gebrochen wird.

Die Traumaforscher Dori Laub und Nanette Auerhahn haben untersucht, wie Traumata Familienbeziehungen durchkreuzen, weil sie »Barrieren gegen Vertrautheit« bilden. Manche Erfahrungen sind so existenziell, dass sie ein Gefühl der totalen Einsamkeit, Verlassenheit und Verlorenheit auslösen. Es gibt kein Gegenüber mehr, an das man sich wenden kann. In niemandem findet man Empathie; sogar die Verbindung zu sich selbst, zur inneren Ansprechperson, ist gekappt. Was man nicht einmal sich selbst erzählen kann, kann man nicht in Worte fassen. Was man nicht in Worte fassen kann, kann man nicht erinnern. Nur die Bilder kommen wieder und wieder.

Aus wissenschaftlichen Untersuchungen ist bekannt, dass unwillkürliche schlechte Erinnerungen nicht nur nach Krieg, Vernichtung oder zivilisationszerbrechender Aggression auftreten. Auch andere Erfahrungen, im Weltgeschehen klein, können einem Einzelleben so zusetzen, dass sie nicht vergehen. Dass wir für sie keine Worte finden, sie immer neu leben, ganz allein, mit uns selbst. Es sind Dinge, die wir in Starre erlebt haben. Aber auch eigenes Handeln und Unterlassen.

Von Siri Hustvedt stammt der Begriff »Brain Tattoos«, Gehirntätowierungen. Die Neurowissenschaft weiß heute, dass sich die Gehirnstruktur laufend verändert, eine Eigenschaft, die sie »neuronale Plastizität« nennt. Nervenzellen vernetzen sich neu oder anders. Besonders passiert es am Anfang des Lebens, aber auch später bleibt das Gewebe nicht unveränderlich. Bestimmte Erfahrungen können »Narben« im Gehirn verursachen.

Ich sehe vor mir, wie Bambis Mutter im Wald stirbt. Dabei wurde ich mit meinem Vater im Kino kein Zeuge davon. Im Film hört man den Schuss, Mutters Spuren im Schnee brechen ab, Bambi ruft, stellt die Ohren auf, Antwort bleibt aus. Das Blut fließt hinter dem Rücken der Kinositze. Später habe ich den Roman von Felix Salten gelesen, auch hier nur der Kugeldonner. Bambi »schien, als habe er die Mutter stürzen sehen, aber er wusste nicht, ob sie wirklich gestürzt war. Er fühlte einen Schleier um die Augen.«

Über den Unfalltod unserer Mutter haben wir in unserer Familie nur das Nötigste gesprochen. Die Ausführungen waren sachlich, sie beschränkten sich auf Überlegungen zu technischen und medizinischen Ursachen des Unfalls. Seit dem Tag der Beerdigung muss jeder von uns mit den Geschehnissen allein zurechtkommen.

Mein Vater schlägt die Augen auf, der Tagschlaf ist fragmentiert. Jetzt, wo seine Erinnerung ihn verlässt, wehrt er nicht mehr ab. Es ist möglich, mit ihm durch die *Familienchronik seit 1867* zu blättern, die seine Cousinen damals drucken ließen. Als mein Vater noch in seinem Haus lebte, legte er das Buch immer zur Seite; wollte ich ihm etwas darin zeigen, wandte er den Blick ab und sagte nichts.

Jetzt kann man ihn fragen. Er antwortet überraschend schnell und sicher.

»Mit wem hast du damals *Bambi* geschaut?«

»Mit der Oma.«

»Wie alt warst du, als du deinen Vater zum ersten Mal gesehen hast?«

»Zehn.«

1953, ein Jahr vor dem Wunder von Bern.

Fünfzig Jahre vor *Das Wunder von Bern.*

»Bew. hat nach seiner Mutter gefragt«, lese ich im Protokoll der Betreuerin, das ich mir jeden Monat ausdrucken lasse.

Während meines Studiums, als meine Mutter lebte und wir gemeinsam Spuren im Schnee hinterließen, nannten mich einige wegen meines Nachnamens »Bambi«.

Über seine Frau, unsere Mutter, sprach unser Vater lange fast nicht. Wir haben ihr Foto in sein Zimmer gestellt, gleich neben den Tisch, an dem er isst und trinkt, vor das Fenster, durch das er ohne Fokus schaut und fragt: »Wie ist das Wetter?« Unsere Mutter trägt darauf die Brille, die sie auf ihrem Nachttisch zurückgelassen hat; in ihrem Dekolleté erkennt man die Kette, die ihr mein Vater zum

Geburtstag geschenkt hat. Nur selten, wie aus Versehen, sagte mein Vater einen Satz wie: »Schade, dass deine Mutter nicht mehr lebt.« Ich habe gelesen, es ist nicht untypisch, dass der Ehepartner, mit dem jemand Jahrzehnte verbracht hat, in späten Jahren einer Demenzerkrankung wie ausradiert ist.

Während der letzten Wochen aber trägt mein Vater das gerahmte Foto seiner Frau oft durchs Zimmer. Er legt es mal hier ab, mal dort, hält es dann wieder in beiden Händen vor der Brust.

»Weißt du, was das ist?«, fragt er mich.

Er schaut nicht, als bräuchte er Antwort. Er schaut, als wollte er sicherstellen, dass auch ich weiß, was es ist. Nicke ich, nickt auch er.

»Das will ich unbedingt behalten«, sagt er dann.

Wir schauen oft Fotoalben an, in letzter Zeit.

Mir scheint, dass die unwillkürlichen Erinnerungen meinen Vater plötzlich zugänglich machen. Dass sie sein Leben für ihn plötzlich zugänglich machen.

Die Gerontologin Naomi Feil emigrierte als Kind von Deutschland in die USA, wo ihr Vater ein Pflegeheim leitete. Die Welt der Menschen, die viele Jahrzehnte älter waren als sie, gehörte zu ihrer Lebensumgebung. Sie geht davon aus, dass unwillkürliche Erinnerungen betagter Menschen, besonders von Menschen mit Demenz, auf unaufgearbeitete Ereignisse deuten, auf ungelöste Lebensaufgaben.

Ich muss daran denken, wie oft mein Vater im Zimmer auf und ab läuft und mir sagt, etwas sei zu erledigen, aber er kann nicht benennen, was.

Den Auftrag der Menschen, die Betagte begleiten, sieht Feil darin, ihnen bei der Aufarbeitung zu helfen, in der Zeit, die ihnen bleibt. Sie hat die Methode der »Validation« entwickelt. Sie nimmt die Menschen an, ohne sie ändern oder heilen zu wollen, ohne Korrigieren und Beruhigen. Im Gegenteil ermuntern Fragen, Blicke, Berührung, Musik, Fotos dazu, Gefühle zu äußern und zuzulassen, vielleicht zum ersten Mal in einem Leben.

Naomi Feil beschreibt, wie sich Gefühle auch in wiederkehrenden Bewegungen ausdrücken, und ich muss an die Wischgesten denken, die mein Vater auf dem Tisch macht, an das Aufheben von Dingen, die nicht gefallen sind, an seine wegwerfende Handbewegung, wenn er sich über etwas ärgert, dessen Ursache ich nicht ergründen kann.

»Es sind Soldaten im Haus«, sagte mein Vater, als während der Pandemie die Bundeswehr Verstärkung in die Pflegeheime geschickt hat. »Falls wir sie brauchen.«

Ich probiere noch aus, wie ich die Aufgabe, die Naomi Feil mir stellt, am besten löse. Ich finde die Aufgabe schön. Sie arbeitet nicht gegen das Alter, die Krankheit, nicht gegen schmerzhafte Erinnerungen, sondern mit ihnen. So können auch schmerzhafte Erinnerungen, manchmal, kostbare Fragmente werden.

Ich komme in die »Residenz«, trete aus dem Aufzug, mein Vater steht im Flur, allein.

»Jetzt hab ich aus Versehen behauptet, meine Frau wäre gestorben.«

»Das stimmt ja auch.«

»Ach ja …«

»Aber es ist lange her«, sage ich. »Achtzehn Jahre.«

Er streckt die Arme nach mir aus. »Ach, ich lieb dich.«

TATORTVERSIEGELUNG

Der Tag des Aufbruchs war Montag, der erste November 2021, ein bewölkter Tag, die Außentemperatur um acht Uhr dreißig betrug acht Grad. Früher als befürchtet hatten wir es geschafft, das Auto zu beladen, in eine Lücke zwischen zwei Koffern hatte sogar ein Teppich gepasst und dann noch eine Stehlampe; beides hatte vor langer Zeit zum Wohnzimmerinventar meiner Oma am Niederrhein gehört, wo mein Vater zuletzt aufgewachsen war. Die Autoantenne, die ich tags zuvor aus Fahrigkeit am Garagentor abgebrochen hatte, ersetzte ein Klingeldraht aus dem Elektrobaukasten meiner Jugend, ich hatte ihn in Windungen mit Klebeband auf dem Dach befestigt, damit wir auf der langen Fahrt etwas Unterhaltung haben würden.

So stand das Auto vor der Garage.

Wir führten unseren Vater durch die wichtigsten Zimmer des Hauses, in dem er dreiundvierzig Jahre gewohnt hatte.

Wir führten ihn in das Schlafzimmer mit dem Doppelbett, in dem er die letzten siebzehn Jahre allein geschlafen hatte.

Wir führten ihn in die Küche, in der seine Schürze hing.

Wir führten ihn in das Esszimmer, wo sein Platz auf der Eckbank gewesen war; er hatte den Blick von dort auf die Weiden geliebt, auf die am Hügel gegenüber grasenden Schafe und auf die Schneeflocken, die in der Ferne schneller zu fallen schienen als vor dem Fenster.

Punkt acht Uhr abends würde der Empfang der »Residenz« schließen. Bis dahin mussten wir ankommen. Unsere innere Unruhe schoss im Maschinengewehrtakt, doch gaben wir unserem Vater Zeit.

Er verstand, dass wir aufbrachen.

Er verstand nicht, dass es ein Abschied war. Offiziell fuhren wir »zunächst für vier Wochen zur Probe«. Unterwegs, im Auto, würde mich die »Residenz« anrufen und fragen, ob sie den Vertrag wirklich nur für einen Monat aufsetzen sollten, wo doch außer Frage stehe, wie es weitergehe. »Ich habe es ihm so versprochen«, würde ich antworten.

Er verstand, dass wir nach Berlin aufbrachen.

Er verstand nicht, dass es eine Tagesreise entfernt war. »Wenn ich etwas vergessen habe, kann ich ja jederzeit zurückkommen und es holen.«

Schließlich standen wir im Wohnzimmer. Unser Vater trug seinen Mantel, die Schuhe, den Schal. Aus der Mitte des Raums bewegte er langsam seinen Blick. Er schaute von der Kommode, auf der die Fotos unserer Mutter versammelt waren, über den Eckhängeschrank, in dem sich hinter braungrünem Glas die Umrisse der Porzellantassen für Schildkrötensuppe abzeichneten (ein nie benutztes Hochzeitsgeschenk der Eltern); er schaute über das Klavier, auf dessen Tasten er seine Spielversuche unternommen hatte, über den Sessel, der sein Mittagsschlafsessel gewesen war; er schaute über die Schrankwand, in der das Ehegattentestament und andere Dokumente die Jahre überdauert hatten, auf das Sofa, an dessen Stelle früher ein Schlafsofa gestanden hatte, das er Abend für Abend für sich und seine Frau auszog, in den Jahren, in denen unsere Oma, die Mutter unserer Mutter, im oberen Stockwerk lebte und unsere Eltern die verfügbaren Zimmer uns, ihren Kindern, überließen (und wenn ich nicht schlafen konnte, was oft vorkam, stand ich vor der angelehnten Tür und hörte in die Nacht, bis mein Vater sagte, »dann komm«, mir seinen warmen Platz an der Seite meiner Mutter überließ und in mein Kinderbett zog).

Eine Weile war es still.

Plötzlich sagte meine sechsjährige Nichte: »Hierher wirst du nie mehr zurückkommen, Opa.«

Sie betonte das »nie«.

Das Bild meines sich langsam in seinem Haus umschauenden Vaters, die Stimme des Kindes, mehr als jede andere steht diese Szene in mir für »das letzte Mal«. Sie ist mir zu einem Symbol dafür geworden, wie wir die Gegenwart verlassen, hinter uns lassen, abschließen, wie das Geschehende endgültig zum Vergangenen wird, das Erlebnis endgültig zur Erinnerung. Als mein Vater an diesem Morgen sein Haus verließ und die Tür schloss, gab es für ihn kein Zurück. Dass ihm das nicht bewusst war, half ihm nicht.

Als hätte jemand hinter ihm ein Polizeisiegel angebracht und einen Tatort seines Lebens versiegelt.

Jetzt, gut ein Jahr später, betrete ich das Stockwerk meines Vaters in Berlin, laufe vorbei an dem Zimmer, aus dem eine Frau den ganzen Tag ruft; die Pflegerin auf dem Flur sortiert Schmutzwäsche in Wagen, sie staunt, als sie mich sieht. »Ihr Vater hat gesagt, mein Sohn kommt heute nicht. Wir haben uns gestritten, hat er gesagt.«

Am Tag zuvor haben wir einen Spaziergang gemacht. Es war sonnig, ein Dezemberfrühling, die Menschen auf der Straße im Gespräch. Mein Vater hatte eine gesunde Gesichtsfarbe, er bewegte sich entschlossen, er gefiel mir. Er war gut gelaunt. Doch er wäre um ein Haar überfahren worden. Wir warteten an der befahrenen Kreuzung, auf einmal ging er allein los, ein Fuß schon auf der Fahrbahn. Ich riss ihn vor dem vorbeischießenden Auto zurück. Fast wären wir beide vor die Räder gestürzt. Ich zeigte auf die rote Fußgängerampel und schrie ihn an.

Auch an anderen Tagen verliere ich manchmal die Geduld. Wenn ich der Pflegerin versprochen habe, dass ich meinem Vater die Tabletten gebe – und er sie einfach nicht schluckt. Wenn er partout im Stehen essen will – und alles auf den Boden fällt. Wenn er vor seiner Toilette steht, ich ihm die Hose heruntergezogen habe, weil er Wasser lassen möchte – und er sie immer wieder hochzieht. Wenn ich ihm zum Ausgehen die Hose *an*gezogen habe – und er sie immer wieder auszieht. Wenn wir auf dem Rückweg von einem Spaziergang sind, ich unruhig werde, weil ich daran denke, was alles zu erledigen ist – und er alle zwei Schritte stehen bleibt und in den Boden schaut, als hätte ihm jemand die Handbremse gezogen. Dann werde ich böse und schimpfe. »Hör auf mit dem Theater«, zische ich; und das Schlimmste ist: Oft funktioniert es. Wenn ich die Tonart ändere, reißt er sich zusammen, die Dinge gehen besser.

Wir sehen uns alle ein, zwei Tage für mindestens zwei Stunden. Viel Gelegenheit, Geduld zu verlieren.

Passiert es mir, bleibe ich eine weitere Stunde. Ich will nicht, dass er eine Verstimmung spürt. Auch gestern sind wir nach dem Ereignis an der Ampel ins Café gegangen, dort saßen wir lange. Mein Vater aß zwei Stücke Kuchen, er wirkte zufrieden, die Zeit war schön.

Trotzdem habe ich schlecht geschlafen. Ich habe große Angst davor, dass ich meinen Vater auf eine Weise zurücklasse, an die ich mich nicht erinnern müssen will. Dass ich Geschehenes nicht mehr korrigieren kann. Dass der Tatort versiegelt ist, weil mein Vater am nächsten Tag tot ist oder nicht mehr weiß, wer ich bin. Die Gefahr ist real, jeden Tag kann es passieren.

Ich beschleunige meinen Schritt, klopfe an seine Tür, reiße sie auf. Er steht auf einem Bein im Zimmer, will eine Socke ausziehen; das Radio läuft. Er sieht mich und strahlt. »Ich bin so froh, dass du kommst.« Er streckt eine Hand nach mir aus.

Es ist noch einmal gut gegangen.

Der Moment, in dem wir Dinge nicht mehr ändern können, ist ein Kipppunkt. Ist er überschritten, bezeichnen wir Geschehnisse als »irreversibel«, Verluste als »unwiederbringlich«, Versäumnisse als »unnachholbar«.

Seit mein Vater hier ist und ich ihn regelmäßig sehe, verfolgt mich der Gedanke an den Kipppunkt. Ich frage mich, woran ich erkenne, wann die Gegenwart endgültig zur Vergangenheit wird, und die Antwort bereitet mir Schwierigkeiten.

Wir haben keine Zeitreisemaschine wie in Science-Fiction-Filmen. Wir können uns nicht in die Vergangenheit beamen und Taten und Entscheidungen ungeschehen machen. Aber es gibt Momente, die wir als Wiederholung wahrnehmen. Tun wir etwas mehrfach oder immer wieder, scheint es im wahrsten Sinne ein »wieder holen«; wir holen den Moment neu hervor.

Sören Kierkegaard beschrieb 1843 in seinem Werk *Die Wiederholung* einen »Versuch in der experimentierenden Psychologie«. Er wollte herausfinden, ob Szenen, in denen sich das Leben scheinbar wiederholt, wirklich Wiederholungen sind. Er war der Ansicht, nur die Wiederholung, das Nocheinmal-erleben-Dürfen von Bekanntem, mache glücklich. Er unterschied die in der Gegenwart geschehende Wiederholung von der rückwärtsgerichteten Erinnerung und der zukunftsgerichteten Hoffnung: »Die Hoffnung ist ein neues Stück Kleidung, steif und glatt und glänzend, man hat es jedoch nie angehabt und weiß daher nicht, wie es einen kleiden wird und wie es sitzt. Die Erinnerung ist ein abgelegtes Kleidungsstück, das, so schön es auch ist, doch nicht passt, da man aus ihm herausgewachsen ist. Die Wiederholung ist ein unzerschleißbares Kleid, das fest und doch zart anschließt, weder drückt noch schlottert.« Erinnerung war für ihn ein »kümmerlicher Zehrpfennig, der nicht sättigt«, die Wiederholung aber »das tägliche Brot, das sättigt mit Segen«.

Nur war Kierkegaard nicht sicher, ob es Wiederholung gab. Um das zu prüfen, unternahm er eine Reise nach Berlin, wo er schon einmal gewesen war. Dort waren die Dinge nicht beim Alten geblieben: Sein Wirt hatte »sich verändert« (er hatte geheiratet); im Königstädtischen Theater bekam er seinen Stammplatz nicht, musste ausweichen. Er tat Dinge, die er schon einmal getan hatte, doch alles war ein wenig anders. Echte Wiederholung gab es nur in der Theorie.

Was für Kierkegaard eine Enttäuschung war, hält uns die Chance des letzten Mals offen: das Vertraute noch einmal zu tun, nur ein bisschen anders. Es gibt uns die Möglichkeit, Dinge zu korrigieren. Nicht nur zu bereuen, sondern Reue auch in Tat umzusetzen. Im Strafrecht nennt man es »tätige Reue«. Eine unterlassene Handlung nachholen. Die Folgen eines aktiven Tuns ungeschehen machen, ein Feuer, das man gelegt hat, löschen. Das Verhältnis zu einem Menschen bei nächster Gelegenheit in Ordnung bringen.

Wann nur wird die nächste Gelegenheit zur letzten?

Als ich begann, in New York zu studieren, gab es im 107. Stock des Nordturms des World Trade Centers eine Bar. Sie hieß *Windows on the World*. Jeden Dienstag fand dort eine bei Studenten beliebte Party statt. Sie muss atemberaubend gewesen sein. Mit Freunden wollte ich oft hingehen, aber wir verschoben es jedes Mal und sagten lachend: »Der Turm wird auch nächsten Dienstag noch stehen.« Am Dienstag, dem 11. September 2001, wollten wir wirklich hin. Um 10:28 Uhr an diesem Morgen brach der Nordturm zusammen. Ich sah es von der Straße vor meinem Wohnheim aus, nach dem schwarzen Rauch und den Verzweifelten, die als Punkte aus Fenstern gesprungen waren.

Am Ende des Studienjahres, im Mai 2002, hielt der damalige Dekan der juristischen Fakultät der New York University, John Sexton, eine Rede. Er sprach nicht über den 11. September. Er sprach über den zehnten. Er erinnerte sich daran, welche Menschen er getroffen hatte, an verschiedenen Orten in New York, zum Essen, zum Kaffee, zum Sprechen, an einem ganz normalen Tag (wie auch über den 11. September immer wieder betont wird, dass er als ganz normaler Tag begann). Er erinnerte sich daran, welche dieser Menschen am nächsten Tag nicht mehr da waren und welche der Orte. Mehr als zweieinhalbtausend Menschen fehlten plötzlich, allein in New York, und einige Orte, an die man am Tag zuvor noch hatte gehen können. »Ich mochte den 10. September«, schloss er. »Und ich vermisse ihn.«

Gut zweieinhalb Jahre später, als meine Mutter überraschend gestorben war, wandten sich Freunde, auch bloße Bekannte, an mich, um mir ihr Erschrecken mitzuteilen. Weniger über den plötzlichen Tod meiner Mutter als über die Vorstellung, ihre eigene Mutter wäre von einem Moment auf den nächsten nicht mehr da. So vieles sei mit der Mutter noch zu klären, zu bereinigen, zu korrigieren; *ich* könnte das nicht, sagten sie (als ob man gefragt würde).

Bei der letzten Umarmung meiner Mutter wusste ich nicht, dass es die letzte war.

Beim letzten Streit mit meiner Mutter wusste ich nicht, dass es der letzte war.

Beim letzten Anruf meiner Mutter wusste ich nicht, dass es der letzte war.

Nicht nur wusste ich es nicht, der Gedanke war so abseitig, dass ich mir die Möglichkeit nicht einmal vorstellte, so gesund und stark hatte sie im Leben gestanden; und sie war eine der vorsichtigsten Autofahrerinnen der Welt.

Erst mit ihrem Tod bekamen die bis dahin jederzeit wiederholbaren Ereignisse die Qualität des letzten Mals. Die letzten Male entstanden im Rückblick, wir markierten sie in der Erinnerung, destillierten und konservierten sie wie Schätze, die Wert haben und Schmerz bereiten. Die Tatorte waren versiegelt, es gab kein Zurück, ich konnte nichts mehr ändern.

Der Soziologe Janosch Schobin schreibt, dass uns Gewohnheiten eine »Unendlichkeitsfiktion« bescheren, mit der wir »die Angst der Sterblichen vor dem Tode« verdrängen. Die Routine des Alltags, gleich erscheinende Abläufe, die regelmäßige Begegnung mit denselben Menschen erwecken den Eindruck, wir könnten unsere Handlungen unbegrenzt korrigieren. Ähnlich sagt es Alfred Schütz. Zwar sei unser Denken und Handeln von der »grundlegenden Sorge« bestimmt, vom Wissen um Vergänglichkeit und Endlichkeit: »Ich weiß, dass ich sterben werde, und fürchte mich davor.« Doch meistern wir unser Leben, indem wir diesen Gedanken wegschieben, indem wir unsere Vorstellung über die Zukunft so vereinfachen, dass in ihr alles unverändert weitergeht, immer weiter. Schütz nennt das die Idealisierungen des »Und-so-weiter« und des »Ich-kann-immer-wieder«.

Irgendwann aber wird jeder Tatort versiegelt. Er landet auf dem Summenhaufen unseres Lebens, den wir mit uns tragen, mit dem wir leben und sterben.

Vielleicht, weil ich bereits zweimal so eindrücklich erfahren habe, wie letzte Male sich anschleichen, frage ich mich so regelmäßig, ob ich aufmerksam genug für sie bin. Sie können so schwer zu erkennen sein.

Erste Male sind immer eindeutig.

Letzte Male nicht.

Nur manchmal steht ein Abschied bevor, ein Ende, und es ist klar, dass wir nicht zurückkönnen, sobald wir uns umdrehen.

Manchmal ist weit und breit kein Abschied, kein letztes Mal, wir fühlen uns sicher; wie ich in New York und mit meiner Mutter.

Und es gibt die Fälle, in denen mitschwingt, es *könnte* das letzte Mal sein. Wie bei den Geburtstagseinladungen der Großeltern aus unseren Kindheitstagen. Heute gehört dazu für mich jedes Treffen mit meinem Vater, jede Berührung, jeder Blick, jedes Wort, das gesagt wird oder ungesagt bleibt.

Am Tag nach dem Vorfall an der Ampel verwechselt mich mein Vater für eine halbe Stunde mit meinem Bruder. Er sitzt auf dem Bett, ich gegenüber im Sessel, und er redet mit mir, als wäre ich mein Bruder. Er erzählt meinem Bruder, ich sei böse auf ihn gewesen. Er habe offenbar etwas falsch gemacht.

Es tut mir leid, dass ich mit ihm geschimpft habe.

Und mich beklemmt, dass er mich beim falschen Namen nennt. Immer wieder versuche ich mir vorzustellen, wie der Moment aussehen mag, in dem mein Vater mich nicht mehr kennt.

Die Sozialarbeiterin Katharina Rensch hat Angehörige von Menschen mit Demenz über ihre Erfahrungen befragt. Alle beschreiben jenen Moment als Zäsur. Viele verlieren das Pflichtgefühl, sich um den Elternteil zu kümmern. Zum einen geht die gemeinsame Geschichte verloren, die geteilte Wirklichkeit, die Grundlage des Zusammengehörigkeitsgefühls. Zum anderen kommen sich Angehörige nun austauschbar vor. Wieder andere empfinden es als Undank, wenn ihre Eltern sie nicht mehr kennen.

Nirgendwo aber habe ich Einzelheiten darüber gefunden, wie genau sich der Vorgang des Nicht-mehr-Erkennens vollzieht. Passiert es plötzlich? Am Abend Sohn, am Morgen Fremder? Oder ist es ein schleichender Prozess? Muss ich mir Sorgen machen, wenn mein Vater mich an manchen Tagen mit dem Namen meines Bruders anspricht? Oder ist das noch ein gutes Zeichen? Worauf muss ich achten, was soll ich erwarten? Ich weiß es nicht, und das beunruhigt mich.

Bevor ich mit der Arbeit an diesem Buch begann, habe ich mit meinem Vater darüber gesprochen. Wir saßen an dem Tisch in seinem Zimmer. Die Gardinen hatte ich aufgezogen.

»Ich will über Erinnerung und Familie schreiben«, sagte ich. »Es soll um dich gehen.«

Er blickte auf, sah mir mit großen Augen ins Gesicht, konzentriert und gegenwärtig, wie ich ihn in den letzten Jahren kaum noch erlebt hatte.

»Wie fändest du das?«, fragte ich.

Er nickte. »Das finde ich eine sehr gute Idee. Das interessiert die Leute bestimmt.«

Er wiegte den Kopf. »Gute Idee.« Er nickte wieder.

Noch eine Weile überlegte er, dann trug er nach: »Es darf nur nicht zu persönlich sein. Dann ist es für die Leute nicht mehr interessant.«

Dieses Gespräch kam einer Zustimmung so nahe, wie es die Umstände zuließen. Und doch stand ich damit allein. Mein Vater hat mir nicht nur die Entscheidung darüber aufgetragen, was »persönlich« ist und was »zu persönlich«. Ich erlaubte mir, seine Anweisung so auszulegen, dass Erlebnisse »zu persönlich« sind, wenn sie andere nicht genügend interessieren, weil sie zu speziell sind und man selbst sich darin nicht wiederfindet.

Doch je mehr ich recherchierte, desto mehr verstand ich, wie verallgemeinerungsfähig selbst sehr persönliche, scheinbar einmalige Vorgänge sind, wie sie immer wieder auftreten, in vielen Familien. Das betrifft den Verlauf von Altwerden und Krankheit, ihr Anschleichen und die gesellschaftlichen Bedingungen, in die sie fallen, die Schwingungen der Verwandtschaftsbeziehung, die Sorge, die Ängste, die Nächte, das Lachen. Immer klarer wurde mir, dass dieses Buch sehr persönlich werden würde, werden müsste.

Konnte ich es schreiben, gar veröffentlichen, solange mein Vater lebte? Warteten nicht andere, bis die Person, über die sie schrieben, gestorben war? Gebot das nicht der Anstand?

Je mehr ich darüber nachdachte, desto fester stand mein Entschluss, das Buch zu schreiben, und zwar jetzt. Auf den Tod zu warten schien mir nicht anständig, sondern feige. Es kostet mehr Mut, über jemanden zu schreiben, dem man fast täglich in die Augen sieht. Es nimmt die Möglichkeit, zu verklären.

Vor allem aber schien es mir besser, mich jetzt mit meinem Vater zu beschäftigen als nach seinem Tod mit der Erinnerung an ihn. Ich ging davon aus, dass die Beschäftigung mit ihm, mit seinem Leben und seiner Krankheit in mir Erkenntnisse zutage fördern würde, die uns beiden helfen könnten. Wartete ich, bis er nicht mehr lebte, hätte er nichts von meinen Einsichten. Ich stünde mit Übergepäck an seinem Grab.

Wir haben die Redensart, jemand »verbaut sich die Zukunft«. Ich glaube, man kann sich auch die Vergangenheit verbauen.

Wird die Gegenwart zur Vergangenheit, findet ein Machtwechsel statt. Über die Gegenwart haben wir Macht, zumindest eine begrenzte, auf einige Dinge können wir Einfluss nehmen. Wird die Gegenwart zur Vergangenheit, wird sie unserem Einfluss entzogen. Dann hat sie Macht über uns.

Manchmal, wenn mir diese Überlegungen zu anstrengend werden, denke ich an einen Religionslehrer aus meiner Schulzeit. Er war darauf bedacht, die Lebenswirklichkeit im Blick zu behalten. Er hatte sein eigenes Lehrbuch geschrieben, dessen Manuskript er uns in Kopie austeilte, weil keines der bestehenden ihm gut schien. Viele seiner Aussagen sind mir in Erinnerung geblieben. Einmal sagte er sinngemäß, es sei weder realistisch noch nötig, dass wir uns ständig mit allen verstünden, besonders mit den Eltern. Wo Menschen miteinander umgingen, sei es normal, dass Konflikte aufträten und Streit. Wir sollten uns deswegen keine Sorgen machen, nichts anderes anstreben.

Auch Kierkegaard schreibt: »Es ist ebenso gesund für den Älteren, in seinem Leben etwas Vergangenes zu haben, wodurch er in der Schuld des Lachens steht, wie etwas Vergangenes, das zu Tränen fordert.«

Niemand hat, wenn er alt genug wird, im Summenhaufen seiner Tatorte nur solche, mit denen er zufrieden ist.

Vielleicht, denke ich manchmal, ist es ein Glücksspiel, ob ein Tatort in einem Moment versiegelt wird, in dem wir uns mit jemandem im Einklang befinden oder im Gefecht. Das Leben bietet beides, und wenn es von beidem erfüllt war, im Wechsel wie das Meer von Flut und Ebbe, ist es so wichtig, an welcher Stelle es plötzlich, zufällig, anhält?

Ich werde den Kuchen mit der 8 und der 0 nicht backen.
Mein Vater wird seinen Geburtstag nicht feiern.

Seit dem
neunzehnten Tag
des Jahres, dem
vierhundertfünfundvierzigsten Tag
nach seiner Ankunft in Berlin (zwei Winter und
ein Sommer)
kann ich von meinem Vater
nur noch
in der Vergangenheit schreiben

DIE WELT IN WIEDERHERSTELLBARER REICHWEITE

Ich muss an den erstaunten Blick meines Vaters denken, mit dem er sich vor elf Monaten zu mir umwandte, als ich sein Zimmer betrat.

»Dich habe ich lange nicht gesehen«, sagte er.

»Wir hatten beide Corona. Erst du, dann ich.«

»Wie haben wir das Problem gelöst?«

»Indem wir wieder gesund geworden sind.«

Ich muss an das zufriedene Nicken denken, das meine Antwort in ihm auslöste und mit dem er sich, wie jeden Tag, wieder der Erkundung seines Zimmers widmete.

Aus Sorge, ich könnte den Vater anstecken und er würde daran sterben, hatte ich lange alle Einladungen von Freunden ausgeschlagen. Im Frühjahr 2022 löste sich die Sorge in unerwarteter Weise auf. Mein Vater hatte das Virus auf anderem Weg bekommen. Es hatte ihn wie tot erscheinen lassen; im Schutzanzug stand ich neben seinem Bett und gab ihm mit einem Löffel zu essen. Am dritten Tag schlug er die Augen wieder auf. Am vierten wurde ich selbst krank. Mehr als zwei Wochen durfte ich nicht zu ihm.

Dann ging das Leben weiter wie vorher.

Jenes Gespräch mit dem Vater ist mir in so lebendiger Erinnerung geblieben, weil es eine Lösungsfigur, an die wir unsere Hoffnung hängen und unsere Kraft zu leben, in all ihrer Kargheit ausstellt: die Wiederherstellung des früheren Zustands.

»Indem wir wieder gesund geworden sind.«

Die Vorstellung, dass alles immer weitergeht, Alfred Schütz' Idealisierungen des »Und-so-weiter« und des »Ich-kann-immer-wieder«, führen nicht nur dazu, dass letzte Male uns überraschend treffen. Sie lassen uns auch, wie Schütz schreibt, die Vergangenheit als eine »Welt in wiederherstellbarer Reichweite« erscheinen. Tritt eine Störung auf, liegt die Lösung in der Rückkehr zur Normalität des Davor.

Wir waren damals in eine Zeit geraten, in der die Sehnsucht nach dieser Lösung im ganzen Land, ja, in weiten Teilen der Welt übergegenwärtig war. Seit zwei Jahren schwoll sie an, wie eine Feder gespannt bis zum Gehtnichtmehr, und das Warten darauf, dass sie endlich in die Ausgangsposition zurückschnellte, war kaum zu ertragen: Wir hofften nicht nur, dass die Kranken wieder gesund würden. Wir hofften auch, dass die Pandemie vorbei sein würde. Wir hofften, dass die »Maßnahmen«, die immer nur Ausnahmezustand sein sollten, aufgehoben würden. Wenig später kamen weitere Hoffnungen dazu: dass die Inflation auf ein Niveau »von vorher« sinken würde. Dass der Krieg beendet würde. Überall, schien es, sehnten wir uns nach der Ungestörtheit des Vorher und der Normalität, die darin aufblitzte. Die Erinnerung war die Schablone, die wir auf Gegenwart und Zukunft legten, um sie zuzuschneiden.

Doch wuchsen meine Zweifel daran, dass die Schablone taugte.

Der Umzug meines Vaters nach Berlin war von Vorhaben begleitet wie von Fanfaren. Wir hatten die »Residenz« ausgesucht, weil sie wohnlich war, keine Krankenanstalt. Es gab eine Dachterrasse mit Blick über Berlin, eine Bibliothek mit Kamin, einen Speisesaal mit Teppich, verspiegelten Wänden und einem Flügel wie auf einem Kreuzfahrtschiff. Wir würden zusammen ins Museum gehen, ins Kino, ins Theater! Es waren nicht nur meine Pläne. Es waren auch seine. »Ich muss die Stadt kennenlernen«, sagte mein Vater. Schon vor seiner Ankunft hatte ich ihm eine Karte für ein Konzert des Chores gekauft, in dem mein Freund singt, das Programmheft lag auf seinem Tisch.

Ich glaubte an den Plan bis zum Tag vor dem Konzert.

Dann verschenkte ich die Karte.

Unbarmherzig hatte die Krankheit uns die Grenzen gezeigt. Sie hatte uns ohne Wartefrist wissen lassen, dass es bereits eine Aufgabe darstellte, mit meinem Vater den Speisesaal eine Etage tiefer zu erreichen (und im Saal seinen Tisch und am Tisch seinen Stuhl), die Toilette im eigenen Zimmer zu finden (und zu benutzen), den Vater ausgehfertig zu machen, den Aufzug zu nehmen und das Haus zu verlassen (und sich draußen mit ihm zu bewegen, im Café ein Stück Kuchen auszuwählen und zu essen; auf dem Weihnachtsmarkt einen Glühwein zu bestellen und zu trinken und dabei sicherzustellen, dass der Vater weder verloren ging noch in Panik geriet). Man kann sich so schwer vorstellen, dass nichts davon mit körperlichen Einschränkungen zu tun hatte (seine Muskeln und Gelenke funktionierten immer noch, davon zeugte der erste Platz, den er nach seinem Einzug beim Sportfest der »Residenz« belegt hatte), sondern mit der Arbeit, die der Kopf im Allgemeinen unsichtbar verrichtet.

Die Pläne wurden kleiner und kleiner.

Nach und nach bat mich die Leiterin seines Wohnbereichs, wieder abzuholen, was wir mitgebracht hatten, um das Zimmer behaglich zu machen: zuerst den Teppich, weil mein Vater über die Kanten stolperte. Dann die Tischdecke, weil er sie samt Geschirr vom Tisch zog. Die Stehlampe, weil er sie umwarf. Die Nachttischlampe, weil er sie mit ins Bett nahm und umarmte. Die Topfpflanze, weil er die Erde aß. Den Fernseher bewunderten wir, weil er der Beanspruchung am längsten standgehalten hatte, eines Morgens aber lag er zertrümmert vor dem Bett.

Jetzt sah das Zimmer aus wie ein Krankenzimmer. Nichts Gefahrgeneigtes, leicht zu säubern; das Pflegebett.

Alle paar Tage berichtete mir eine Pflegerin von Vorkommnissen, und während ich zuhörte, bekam ich kaum Luft. Nachts war der Vater in fremden Zimmern unterwegs, dort wollte er auf die Toilette oder aß fremdes Essen von fremden Tischen, trank den hochkalorischen Shake einer unterernährten Nachbarin. Es gab Beschwerden, Streit, Handgreiflichkeit, die anderen wehrten sich.

Mein Vater, einer der friedlichsten Menschen, die man sich vorstellen konnte, widersetzte sich denen, die ihn wuschen, anzogen und ihm seine Tabletten gaben. Er hatte Kraft. Das Pflegepersonal betrat sein Zimmer nun zu zweit.

Ich hatte geglaubt, gut vorbereitet zu sein. Ich hatte Zeit eingeplant, um mich um meinen Vater zu kümmern. Ich hatte Kraft vorgesehen. Womit ich nicht gerechnet hatte, waren die Schwernisse, die der bloße Anblick der Veränderungen mit sich brachte.

Es ist nicht so, dass ich zuvor nie verzweifelt gewesen wäre. Doch eine so anhaltende, sich steigernde Verzweiflung kannte ich nicht. Alle paar Tage ein anderer, bisher nicht vorstellbarer Vater. Die Schilderungen, was während meiner Abwesenheit nun wieder geschehen war. Ich fühlte mich wie jemand, der vor einem Fänger davonläuft, und wenn er stehen bleibt, um Luft zu holen und weil er denkt, der Abstand sei für einen Moment groß genug, hört er den Atem des Fängers hinter sich, und vor ihm ist die Wand. Jeden Tag, bevor ich die »Residenz« betrat, hielt ich auf der Straße inne, sog die kalte Luft ein und fand mich vorläufig mit dem Schlimmsten ab in der Hoffnung, es könnte nur besser werden. Ich nahm mir vor, an zwei Tagen in der Woche jeder Pflegekraft aus dem Weg zu gehen; so glaubte ich, mir Pausen von den Nachrichten zu verschaffen. Und doch war ich immer wieder aufs Neue erschüttert, weil die Schritte, mit denen mein Vater seine Fähigkeiten verlor, meine Fantasie überstiegen.

»Schübe« nennen sie diese Schritte bei der Demenz.

Am meisten traf mich, wie mein Vater selbst wahrnahm, was geschah. In den Pflegern sah er Eindringlinge. »Ich habe furchtbare Angst, wenn sie mich überfallen«, vertraute er mir an und bat mich um Hilfe: »Wirst du körperlich mit ihnen fertig?«

»Du bist auch nicht anders«, sagte er enttäuscht, wenn es mir nicht gelang, ihm die Angst zu nehmen.

Ich spürte in jener Zeit ein starkes Bedürfnis zu seufzen, und oft gab ich ihm nach. Ich seufzte, wenn ich morgens aufstand, ich seufzte, wenn ich aufs Fahrrad stieg, ich seufzte, wenn ich im Supermarkt ein Regal betrachtete. Manchmal drehten sich Menschen nach mir um.

Um mich abzulenken, ging ich ohne den Vater ins Theater. In meinem Kalender kann ich nachlesen, es war *Die Pest* nach Camus, es war eine russische Adaption des *Decamerone* von Boccaccio, doch das Geschehen auf der Bühne arbeitete wie ein Scheibenwischer bei Starkregen, ich saß hinter der Windschutzscheibe, sah nicht durch, den Mund halb geöffnet, in einer anderen Welt. Ich setzte mich allein in die Gaststätte, in die ich mit meinem Vater hatte gehen wollen, an den Holztisch ohne Decke, ließ mir Starkbier bringen und lieferte mich den Gesprächsfetzen im Raum aus, die in meinen Ohren verschwammen und verschwanden, der Freitagabend.

Überall sprach ich vom Vater. Traf ich Freunde, redete ich so viel von ihm, dass es mir unangenehm war. Ich wollte sie nicht mit meinen Erlebnissen belasten. Aber ich musste es.

Denke ich heute darüber nach, merke ich, dass all den Schmerz und die Not und die Angst nur die Schablonen aus meiner Erinnerung erzeugten. Es ist der Vergleich zum Vorher, der Dinge unerträglich macht.

Manchmal lag das Vorher Jahre zurück, manchmal war es das Vorher des letzten Abends. Ich muss nicht nur gehofft haben, mein Vater könnte sein bisheriges Leben fortführen. Ich wollte weiter zurück, in eine Zeit, in der er aus dem Haus kam, unter Menschen, statt Stunde um Stunde mit sich und der Krankheit zu verbringen. Weil er laufen konnte und in meiner Nähe war, dachte ich, all das wäre möglich, noch einmal. Doch bei der Auswahl der »Residenz« hatte ich mich an ein Bild von Wohnlichkeit geheftet, das *meinen* Schablonen entsprach. Mein Vater konnte damit nichts anfangen. Meine Wohnlichkeit wurde seine Gefahr.

Jedes Mal betete ich, die neue Veränderung möge vorübergehend sein, ein schlechter Tag, nach dem alles wenigstens wieder auf den Stand der alten Verschlechterung zurückspringen würde, der vom Vortag, die ich nun demütig angenommen hätte. Die Strecke der Rückkehr, die ich ersehnte, wurde kürzer und kürzer.

Ich suchte nach Ursachen für die Veränderungen. Ein neues Medikament, eine systemische Wirkung der Augentropfen, die er wegen seines Augendrucks nahm (»Wenn er auch noch blind würde, wäre es eine Katastrophe!«, hatte der Arzt gerufen), zu wenig getrunken, irgendetwas, das man rückgängig machen konnte. Schon einmal hatte mein Vater auf Medikationswechsel mit Verschlechterung reagiert, und sie war *reversibel* gewesen, wie die Ärzte es nannten, ließ sich ungeschehen machen, indem wir das Medikament absetzten. Alles, sagte ich mir, hat seine Ursache, ich musste sie nur finden und beseitigen.

Irgendwann aber fand ich nichts mehr, mit dem ich einen neuen Schub erklären konnte.

Stattdessen stieß ich immer wieder auf den Satz: »Es ist eine fortschreitende Krankheit.« Es gab gute Tage und schlechte. Aber die Richtung änderte sich nicht mehr.

Im Spätsommer jenes Jahres, in dem ich an den Schablonen der Erinnerung hing, beschloss ich, mit meinem Freund ein paar Tage zu verreisen in der Hoffnung, mich zu erholen. Ich hatte ein Buch des Literaturwissenschaftlers Moritz Baßler mitgenommen, von dem ich einen Artikel gelesen hatte, den ich interessant fand. Er befasste sich mit Strömungen zeitgenössischer Literatur, die nach Ansicht Baßlers einen zu realistischen Zugang zum Geschehen bieten und damit Selbstverständliches, in dem Fragen weder gestellt noch beantwortet werden. Baßler nennt das »Populären Realismus«.

Besonders bewegte mich ein Kapitel, das sich mit dem Grundmuster der Heimkehr auseinandersetzt. Nach Hause kommen, Kinder bekommen – literarische Werke, die diese Geschichte erzählen oder einklagen, kritisiert Baßler nicht nur als vorhersehbar, er bezweifelt auch, dass sie Lösungen für Probleme von heute zeigen. »Im romantischen Narrativ«, schreibt er, »wird ein ursprünglicher, natürlicher, paradiesischer, unschuldiger, gesunder, gerechter, zufriedener Zustand verlassen, um im Durchgang durch Entfremdung, Widrigkeiten und Unterdrückung und Kampf am Ende wiederhergestellt oder erreicht zu werden.« Baßler sieht die Gefahr, dass die Ursprünglichkeit, Reinheit, Unentfremdetheit, die wir erinnern und in die wir zurückwollen, ideologisch geprägt und unrealistisch sind. Liege die Zukunftshoffnung »in einem Baby, das die eigene Geschichte bei weitgehend unveränderten Umgebungsverhältnissen fortsetzen soll«, bleibe »herzlich unklar [...], weshalb das irgendetwas besser machen soll«.

Obwohl Baßlers Buch keine Strandlektüre ist – der Text ist klein gedruckt, und man braucht Konzentration –, las ich es in kurzer Zeit durch. Aufgeregt berichtete ich meinem Freund, was ich gelesen hatte, zitierte die Sätze. Ich konnte sie sofort auf mein Leben beziehen. Dass das

Lösungsmodell der Rückkehr gescheitert war, war offensichtlich.

Wieder in Berlin, vollzog sich meine Geschichte aufs Neue in einem beängstigenden Gleichlauf mit der Stimmung in der Gesellschaft. Auch in den größeren, weltumspannenden Fragen schien sich in jenen Monaten die Erkenntnis durchzusetzen, dass es ein Zurück zum Vorher nicht geben würde. In Nachrichten und Gesprächen war von »neuer Normalität« die Rede, davon, dass wir nach der Pandemie nicht weitermachen könnten wie zuvor. Binnen Monaten hatte sich die menschliche Arbeit von den Füßen auf den Kopf gestellt, es war deutlich geworden, dass »Präsenz« kein Wert an sich war, dass vieles sich unabhängig von Ort und Zeit erledigen ließ. Es war deutlich geworden, dass die Welt auch funktionierte, wenn nicht alle von einem Ort an den anderen reisten, nur um von dort zurückzukehren. Es war deutlich geworden, wie unentbehrlich Berufe waren, denen wir wenig Wertschätzung entgegenbrachten, und wie wichtig es war, Geld für Grundbedürfnisse der Gesellschaft auszugeben, Gesundheit, Bildung, Infrastruktur. Der russische Angriff auf die Ukraine am 24. Februar 2022 schien endgültig einen Tag markiert zu haben, hinter den es kein Zurück gab. Die alte Welt, in der jedes Land die ihm zugedachte Rolle spielte, schien aufgehoben. Der Bundeskanzler hatte gesagt, wir stünden an einer »Zeitenwende«, und dieses Wort wurde wieder und wieder zitiert.

Erst jetzt fiel mir auf, dass ich längst nach neuen Normalitäten suchte. Begonnen hatte es an einem Abend in den ersten Wochen; ich stand vor dem Haus, in das mein Vater gezogen war, und schaute in die Nacht.

»So anstrengend hätten Sie es sich nicht vorgestellt, oder?«, fragte plötzlich eine Pflegerin aus dem Dunkel, in dem sie mit Zigarette und einem Hund an der Leine stand.

Ich sah erstaunt auf und nickte.

»Das ist normal«, sagte sie. »Das geht allen so.«

An jenem Abend lernte ich, nach dem Satz zu gieren und, wenn ich ihn ergattert hatte, ihn zu umklammern und nicht herzugeben: Das ist normal! Wenn schon meine Schablonen aus der Vergangenheit nicht passten, so half es mir, dass andere kannten, was wir erlebten, dass *irgendwo* Schablonen existierten.

Einige Tage darauf steuerte ich den Speisesaal an, durch die Tür sah ich, wie mein Vater neben seinem Tisch stand. Er fasste eine andere Bewohnerin komplizenhaft an der Hand und flüsterte ihr ins Ohr. Als ich den Saal betrat, rief er der Frau zu, voll Freude und Stolz: »*Das* ist mein Sohn!« Ich wusste, es war nicht seine Art, auf andere zuzugehen, sie gar anzufassen, ihnen zu erzählen. Ich wusste, wenn er es tat, musste er einen weiteren Schritt gemacht haben in eine andere Welt. So bewahrheitete sich, was sie prophezeit hatten: Je weiter die Krankheit fortschreitet, je mehr er unserer Welt entgleitet und in seine findet, desto besser geht es allen.

An diesem Abend ging ich zum ersten Mal mit dem Gefühl einer traurigen Erleichterung nach Hause. Das waren die neuen Normalitäten. Ich musste sie nur finden, wie man in der Weltpolitik die »Zeitenwende« gefunden hatte.

Immer wieder hatte ich mich gefragt, ob ich mir vielleicht alles zu sehr zu Herzen nahm. Ich pflegte meinen Vater nicht einmal zu Hause, verbrachte nur viel Zeit mit ihm. Hatte ich überhaupt das Recht, so mitgenommen zu sein? Ich wollte wissen, wie es anderen ging. In Katharina Renschs Untersuchung las ich, dass die meisten Angehörigen das Mitansehen der Schübe als unerwartet belastend empfinden. Was ich erlebte, war tatsächlich »normal«. Es war statistische Normalität.

Zu den neuen Begriffen, Normalitäten, die in meinem Leben und dem meines Vaters eingesetzt hatten, einsetzen würden, gehörten außerdem:

Apraxie (altgriechisch ἀπραξία, Untätigkeit):
Unfähigkeit, zielgerichtete Bewegungen auszuführen,
obwohl Muskeln und Nerven intakt sind

Agnosie (altgriechisch ἀ-γνῶσις, Nichterkennen;
Medizin): Unfähigkeit, Wörter, Gegenstände,
Geräusche zu erkennen, obwohl die Sinnesorgane
intakt sind

Aphasie (altgriechisch ἀφασία, Sprachlosigkeit):
Unfähigkeit, Wörter zu bilden, obwohl Zunge und
Kehlkopf intakt sind
[Symptombeschreibungen in Büchern und auf
Webseiten]

»Die ersten Monate sind die Hölle.
Aber es wird besser.«
[fast wortgleich zwei Töchter anderer Väter]

»Wir haben eine natürliche Einstellung zu
Körperausscheidungen.«
[aus dem Leitbild der Pflegeresidenz]

Demenz, nicht näher bezeichnet
(Diagnose F03 ICD 10)
[aus den Arztrechnungen und Arztbriefen]

Auf der Suche nach neuen Normalitäten wollte ich aufklären, was ich konnte. Ich sehnte mich danach, dass alles scharf umrissen war wie Vollmond und Nacht. »Warum ist die Demenz nicht näher bezeichnet«, fragte ich den Arzt, »ist es Alzheimer?« »Davon gehe ich aus«, sagte er, nachdem er ausgeatmet hatte, »aber um es zu wissen, müsste man eine Lumbalpunktion machen«, Hirnwasser aus dem Rückenmark entnehmen. Alzheimer ist die häufigste Form der Demenz, Proteine stören Gehirngewebe, es stirbt ab. Vor einiger Zeit haben Forscher entdeckt, dass sich im Nervenwasser charakteristische Eiweißstoffe nachweisen lassen. Am zweithäufigsten ist die vaskuläre Demenz, hervorgerufen durch Cholesterineinlagerungen in Blutgefäßwänden.

Ich fand, die Ursache von allem sollte wenigstens »näher bezeichnet« sein. Doch der Vollmond ließ sich gegen die Nacht nicht abgrenzen, wie ich es mir vorgestellt hatte. »Es macht keinen Unterschied«, hatte der Arzt nach einer Weile gesagt, »ein Mittel gibt es weder gegen das eine noch das andere.« Wo ich Türen zu Normalitäten suchte, öffneten sich Schleusen der Vieldeutigkeit. Auch beim Urologen, beim Kardiologen und anderen bekam ich zu hören, natürlich könne man genauere Untersuchungen machen, doch:

»Was würde es ändern?« Würden wir unserem Vater eine Operation zumuten, wenn sich herausstellte, die künstliche Herzklappe schloss nicht perfekt oder die Prostata hatte sich bedenklich entwickelt? Mit einer Vollnarkose, die mit einiger Sicherheit seine verbliebenen geistigen Fähigkeiten zerstört hätte?

Es lag nicht nur an körperlicher Erschöpfung, dass ich bei meiner Suche nach Gewissheiten bald kapitulierte. Ich hatte mich in ein streng binäres Schema geflüchtet: Ich kann nichts ändern (0) / Ich kann etwas ändern (1). Wie ein Besessener ordnete ich allen Sachverhalten im Kopf den Wert null oder eins zu.

»Ich kann es nicht ändern.« Diesen Satz murmelte ich manchmal vor mich hin, manchmal schrie ich ihn vom Fahrrad in die Weiten des Berliner Tiergartens und wollte damit alles erledigen, das den Wert null erhalten hatte.

Umso stärker warf ich mich auf das, an dem ich womöglich etwas ändern konnte, in all die kleinen und großen Dinge mit dem Wert eins. Ich kontrollierte, was ich konnte. Ich näherte mich dem Zimmer meines Vaters auf dem Flur, wo ich verharrte, um durch die angelehnte Tür zu hören, wie die Pflegerinnen ihn behandelten (sie behandelten ihn gut, blieben geduldig, wenn ich es nicht mehr erwartet hätte). Ich zählte die Tabletten nach, die sie ihm gaben. Ich führte Buch darüber, wann es ihm gut ging und wann schlecht. Ich ließ mir Protokolle über seine sozialen Aktivitäten ausdrucken, prüfte, verglich. Ich musste an Gabriele von Arnim denken, die jahrelang ihren schwer kranken Ehemann pflegte, der bei vollem Verstand bettlägerig war. In ihrem Bericht *Das Leben ist ein vorübergehender Zustand* bekannte sie: »Ich treibe und trieze, bitte und flehe, übe

Druck aus, warne, locke zu dieser oder jener Therapie, dieser oder jener Übung, diesem oder jenem Essen, drohe und bestimme, erkläre und beschließe, mache Zeitpläne und Übungspläne und Besucherpläne – installiere Effizienz.«

Denke ich heute darüber nach, wird mir bewusst, dass mein Gehirn auch in anderen Teilen meines Lebens binär arbeitet: Kann ich ändern / kann ich nicht ändern.

Wünsche, Gebete, Aphorismen preisen die Fähigkeit, sich mit Unabänderlichem abzufinden. Doch ich fürchte, die Gelassenheit gegenüber dem Unabänderlichen wiegt nicht die Not auf, die entsteht, wenn man sich zu sehr auf den zweiten Punkt stürzt: das Ändernwollen des Änderbaren.

Heute befällt mich der Verdacht, dass ich einer weiteren Spielart des Lösungsmodells der Rückkehr verfallen war. Dass ich in neuen Normalitäten wieder nur Referenzen suchte für Erhalt oder Wiederherstellung, dass ich auch damit nur ein Rückkehrziel bestimmte, eine Schablone der Hoffnung.

Vielleicht findet Frieden nur, wem es gelingt, sich von der Rückkehr als Hauptlösungsfigur des Lebens zu verabschieden.

Das aber war schwerer als gedacht. Noch heute, mit Abstand, kann ich das Geschehen kaum entzerren, das Klammern an die Vergangenheit kaum trennen von der Öffnung für die Zukunft. Je mehr ich darüber nachdenke, desto stärker wächst der Verdacht, dass die Grenze nicht scharf gezogen ist, dass wir uns schnell etwas vormachen, wenn wir glauben, wir lassen los.

Schon im Jahr 2009 hatte mein Vater getan, was mir lange als radikalste Methode erschien, alte Schablonen loszulassen. Er hatte eine Patientenverfügung verfasst. Für den Fall, dass er unheilbar krank werde und schwer leide, bat er darum, »dass man mich sterben lässt und nicht durch künstliche Mittel am Leben erhält«. Es war die Standardformulierung aus seinem Notarhandbuch.

Zehn Jahre später, drei Tage vor seiner Herzoperation, setzten mein Bruder und ich uns mit dem Vater an den Frühstückstisch, um seine Verfügung zu aktualisieren. Der Bundesgerichtshof hatte inzwischen entschieden, dass man es sich nicht so einfach machen konnte, dass allgemeine Formulierungen nicht reichten, um die Verantwortung über sein Leben abzugeben. Es sei nötig, sich mit konkreten Situationen zu beschäftigen. Wir hatten ein Formular mitgebracht, das die Situationen auflistete.

»Wenn ich mich aller Wahrscheinlichkeit nach in einem nicht mehr abwendbaren Sterbeprozess befinde, verlange ich«, stand dort, und es folgten Möglichkeiten zum Ankreuzen: keine Wiederbelebung, keine künstliche Ernährung, keine Beatmung, keine Maßnahmen, die nur den Todeseintritt verzögern.

»Wenn mein Gehirn durch Abbauprozesse wie Demenz so weit beeinträchtigt ist, dass ich nicht mehr in der Lage bin, Nahrung und/oder Flüssigkeit auf natürlichem Weg zu mir zu nehmen, selbst mithilfe Dritter, verlange ich«, lautete eine andere Situationsbeschreibung, und wieder folgten Möglichkeiten.

Unser Vater kreuzte alles an. Er füllte das Formular aus wie den Aufnahmeantrag eines Sportvereins.

»Hast du dir das überlegt?«, fragten wir.

Er stutzte. »Da steht doch, dass ich nicht leiden will. Wer will das schon?«

Als Personen mit dem Auftrag, seinen Willen durchzusetzen, trug er meinen Bruder und mich ein.

Bald darauf las ich über einen Fall aus den Niederlanden, der weltweites Aufsehen erregte. Eine Frau hatte erfahren, dass sie an Alzheimer litt. Sie schrieb ihren Willen auf. Schreite die Krankheit fort und könne sie nicht mehr bei ihrem Mann leben, wünsche sie nicht nur, dass man sie sterben lasse. Sie wolle aktive Sterbehilfe, getötet werden, was in den Niederlanden seit einiger Zeit erlaubt war. Jahre später wurde sie in ein Pflegeheim aufgenommen. Dort hatte sie glückliche Momente, wenn ihr Mann sie besuchte, und unglückliche, nachdem er gegangen war. Eine Ärztin wollte ihrem Willen Geltung verschaffen. Sie mischte ihr ein Schlafmittel in den Kaffee und spritzte ihr Thiopental, ein Tötungsmittel, das in den USA lange für Hinrichtungen verwendet worden war. Doch die Frau wachte auf und wehrte sich körperlich dagegen, getötet zu werden.

Die Frau wachte auf und wehrte sich körperlich.

Obwohl ich geübt darin bin, Gerichtsfälle zu lesen, die Nüchternheit der Darstellung und der Begründung, musste ich diese Stelle zweimal lesen. Die Vorstellung, mit Gewalt den Sterbewunsch an jemandem zu vollstrecken, der sich mit Händen und Füßen dagegen wehrt –

Die Familie half, sie festzuhalten, und die Ärztin verabreichte den Rest des Thiopental.

Die Tötung gelang. Die Ärztin wurde wegen Mordes angeklagt. Das Gericht sprach sie frei. Die Frau habe ihren Willen geäußert, als sie noch entscheiden konnte. Dieser

Wille sei zu respektieren, auch wenn es später den Anschein gehabt haben mochte, sie habe ihre Meinung geändert.

Fast dreißig Jahre zuvor hatte der Philosoph Ronald Dworkin in einem Gedankenexperiment eine ähnliche Entscheidung getroffen: Eine Patientin, die er Margo nannte, ist schwer dement, scheint das Leben jedoch zu genießen, sie hört Musik, isst Erdnussbutterbrote und blättert in Krimis. Als sie klar denken konnte, hat sie verfügt, nicht mehr leben zu wollen, wenn sie dement werde. Weitere Krankheiten solle man nicht behandeln. Bekomme sie nun eine Lungenentzündung, schrieb Dworkin, müsse man sie sterben lassen. »Precedent autonomy« nannte er das, vorhergehende Selbstbestimmung.

Dworkin und das niederländische Gericht erklärten die Schablonen der Vergangenheit, an die sich ein Mensch klammert, zum Maßstab. Sein Wille, unter anderen Bedingungen nicht leben zu wollen, sei zu respektieren, selbst wenn er sich an diese Bedingungen gewöhnt, sie nicht als so leidvoll empfindet wie vermutet.

Eine Patientenverfügung in Deutschland regelt nur Rettungsversuche, wenn der Sterbeprozess eingesetzt hat. Aktive Sterbehilfe wie in den Niederlanden ist hier nicht möglich. Und doch schien mir plötzlich, dass auch eine Patientenverfügung nicht nur Loslassen war. Auch sie war Festhalten an Schablonen. Sie legt die Rückkehr zum früheren Zustand als Lösungsfigur zugrunde. Ist sie nicht möglich, soll der Tod kommen.

Die Patientenverfügung meines Vaters trug ich in der Tasche, als wir am späten Abend des 15. Januar 2022 mit dem Krankenwagen in die Notaufnahme fuhren. Durch eine

Verletzung in der Blase hatte mein Vater so viel Blut verloren, dass die Anzahl seiner roten Blutkörperchen auf ein Niveau gesunken war, das »mit dem Leben unvereinbar« sei, wie sein Arzt mir ins Handy geschrien hatte. In der überfüllten Berliner Rettungsstelle reihten sich in einem Großraum und auf den angrenzenden Fluren die Betten aneinander, es war ein Höhepunkt der Pandemie, Testergebnisse schallten durch die Luft, Husten und Schreien und Klagen, ich drückte meinem Vater die Schutzmaske aufs Gesicht.

Inmitten des Trubels rief mich ein junger Arzt zu sich. Er stand an einem Bildschirm, gab Informationen ein.

»Er hat sicher eine Patientenverfügung«, sagte er.

Ich nickte.

»Was steht darin? Wahrscheinlich ...«

Ohne Antwort abzuwarten, schrieb er in eine Zeile drei Buchstaben, in eine Zeile darunter drei weitere: »DNI«, »DNR«.

»Wenn sein Herz aussetzt, lassen wir ihn sterben«, sagte er.

Lange habe ich überlegt, wie sich das Gefühl beschreiben lässt, das mich in diesem Moment überkam. Mir fällt nichts ein als eine schreckliche Floskel: Ich bekam kalte Füße. Meine Füße wurden so kalt, dass ich sie nicht spürte, als stünde ich mit dem Becken auf dem Boden, unfähig, Gleichgewicht zu halten, und kippte gleich nach vorn, mit dem Kopf auf die Fliesen, die mit den Flüssigkeiten einer Rettungsstelle verschmiert waren.

Ich stammelte. Und setzte zu einer Lüge an. Ich hätte die Verfügung zu Hause. Müsse erst nachschauen.

Der Arzt sah mich an, bewegte den Cursor zurück, löschte erst das R, das N, das D und dann, eine Zeile darüber, das I, das N, das D. Do not reanimate. Do not intubate. Nicht wiederbeleben, nicht intubieren. Buchstaben, die mir durch das Dokument, das ich in der Tasche trug, angewiesen waren, die aber zu sagen ich nicht fertigbrachte.

Ich lief zurück zu meinem Vater. Er beklagte sich über die Untersuchungen. »Was zahlen sie dir dafür, dass du einem alten Mann das antust?«, fragte er mich. »Ich zahle dir das Doppelte!« Während ich ihn stumm ansah und mir bewusst zu machen versuchte, dass das, was da sprach, die Krankheit war, nicht er, schüttelte er angewidert den Kopf und sagte: »Dass du dich nicht schämst.«

Wir verbrachten die Nacht auf dem Flur; mein Vater bekam eine Blutkonserve, sein Herz blieb nicht stehen. Drei Stunden zog ich mich zurück für einen misslungenen Versuch zu schlafen, und als ich am Morgen zu ihm kam, saß mein Vater im Bett, begrüßte mich mit erfreutem Lächeln, streichelte die Bettdecke und sagte zufrieden: »So ein schöner Teppich. Den bräuchten wir auch.«

Moritz Baßlers Text über das Versagen von Heimkehr und Kind als Lösungsfigur hat mich erfasst, weil ich ihn nicht metaphorisch lesen muss. Er betrifft mich ganz unbildlich. Ich habe mich gegen Heimkehr entschieden, bin nicht zurückgekehrt in das Haus meiner Kindheit, um meinen Vater in den Zimmern aus dem Leben zu begleiten, in denen er mich ins Leben geführt hat. Ich konnte es nicht. Ich habe auch kein Kind. Ich helfe meinen Eltern, indem ich es mache wie sie – diese Lösungsfigur ist aus persönlichen Gründen nicht in meinem persönlichen Repertoire. Und ich glaube, Baßler hat recht, wenn er bezweifelt, dass sie heute überhaupt noch im gesellschaftlichen Repertoire ist. Zu anders ist die Welt geworden, zu verwickelt, verwoben, zu offen in alle Richtungen. Die Idylle der Eckbank im Mehrgenerationenhaus, und alle sitzen geschlossen um den Tisch, gibt es nicht mehr. Wir brauchen neue Erzählungen, an allen Enden.

Moritz Baßler führte mich zu den Ideen der US-amerikanischen Autorin Donna Haraway. Sie ist Zoologin, Philosophin, Feministin, sie hat sich mit der Geschichte der Naturwissenschaften beschäftigt, mit Theologie und Technologie. »Wir brauchen Geschichten (und Theorien), die groß genug sind, um die Komplexität zu erfassen, die Ränder offen und den Hunger nach überraschenden neuen und alten Verbindungen wachzuhalten«, schreibt sie in ihrem Buch *Unruhig bleiben*.

In diesem Buch spielt der Oktopus eine Rolle. Er wächst ohne elterliches Vorbild auf, denn sein Vater stirbt nach der Zeugung, seine Mutter nach der Geburt. Allein treibt das junge Tier im Meer davon, kann im Nu in Welten geströmt werden, die ganz anders als sein Geburtsort sind. Es muss zurechtkommen, eigene Lösungen suchen, indem es seine Tentakel ausstreckt und fühlt und tastet und kommuniziert.

Die Enden offenhalten, tasten und suchen: Haraway nennt das »tentakuläres Denken«. Es ist das Gegenteil der Rückkehr, des Hängens an den Schablonen des Gestern.

Als mein Vater und ich die Notaufnahme verlassen und ein Zimmer bezogen hatten, trat eine Ärztin ein und schloss die Tür. Sie müsse mit mir sprechen. Drei Möglichkeiten gebe es, und die erste, die sie »Option eins« nannte, bestehe darin, nichts zu tun. »Wir lassen zu, dass sich die Blutwerte verschlechtern, und er schläft friedlich ein.« Option drei sei das Gegenteil: Herzkatheter, Magenspiegelung, Darmspiegelung, Blasenspiegelung, MRT; »das volle Programm, um etwas zu finden und zu behandeln«. Option zwei liege in der Mitte. »Wir geben ihm noch zwei Blutkonserven, päppeln ihn auf, und Sie nehmen ihn mit.« Welche Entscheidung die beste sei, hänge davon ab, wie viel Lebensqualität er habe. Habe er schon vorher nur im Bett gelegen und geschlafen, »wie jetzt«? Dann rate sie zu Option eins.

Da stand ich auf, lief umher, ohne den Blick von der Ärztin zu nehmen; ich erzählte von dem Ausflug, den wir eine Woche zuvor unternommen hatten, zwei Stunden war mein Vater mit mir durch Berlin gelaufen, er hatte in Geschäfte und Kirchen geschaut, wir hatten Currywurst gegessen, und als wir am Abend in sein Zimmer kamen, fiel er glücklich und geschafft in den Stuhl. Lebensmüde war mein Vater nicht. Bekam er mit, dass mit seinem Herz etwas nicht in Ordnung war, machte ihm das Angst, und er fragte nach Behandlung. Er wollte leben, obwohl er oft sterben wollte.

In diesem Fall, sagte die Ärztin, rate sie zu Option zwei.

Als wir zwei Tage später in sein Pflegezimmer zurückkamen, sagte die Pflegerin, die ihn mochte: »Ich habe Sie vermisst.« Mein Vater murmelte etwas, das wie »ich freue mich, Sie zu sehen« klang.

Obwohl wir in den drei Tagen wie nie zuvor mit Loslassen und Aufbruch konfrontiert waren, waren es doch wieder die Schablonen der Vergangenheit, an denen sich die Gefühle, die Entscheidungen und alles andere ausgerichtet hatten.

In dem Jahr, in dem nicht nur ich, sondern auch viele andere mit alten Schablonen nicht mehr zurechtkamen, in dem ich meinen Vater fast täglich sah und an diesem Text schrieb, erschien Kim de l'Horizons Roman *Blutbuch*. Darin sucht die Erzählfigur einen Weg, mit den Erwartungen umzugehen, die von Generation zu Generation weitergegeben wurden und nun auf ihr liegen. Jeder Nachwuchs soll eine Last aus einem früheren Leben tragen, eine Leere aus einer früheren Zeit füllen. Dabei muss die Erzählfigur in einer Welt groß werden, in der sie für sich keine Kategorie findet. »Ich habe, Grossmeer, dieses Schreiben mit der Absicht begonnen, an einem Heilzauber zu wirken«, wendet sie sich an die Oma, aber: »Vielleicht ist ›Heilung‹ das falsche Wort.« Heilung ist das Ungeschehenmachen der Störung, die Rückkehr zum Zustand davor. »Vielleicht geht es um eine Vernarbung«, schreibt de l'Horizon, »darum, dass das Gewebe eigene, neue, sichtbare Nähte knüpft. Denn ich will nicht, dass das Gewebe spurlos zusammenwächst. Dass das, was fehlt, ohne Fehlen verschwindet. Ich strebe keinen Punkt an, der einen Satz abschließt, sondern ein Semikolon, das sagt: ›Hier ist eine Grenze, aber es geht weiter‹.«

Eine Narbe hält Ränder offen, streckt sich tastend in alle Richtungen, schert sich nicht um alte Formen, sucht neue; dabei enthält sie das Früher, verleugnet es nicht und vergisst es nicht und ist doch etwas ganz und gar anderes.

Ich beschloss, nicht noch einmal zu lügen, wenn sie mich nach der Patientenverfügung meines Vaters fragten; ich würde sagen, wie es ist, meinen Vergangenheitsschablonen *ent*sagen.

Als mein Vater fast genau ein Jahr später, am Samstag, dem 14. Januar 2023, erneut in die Notaufnahme kam, hatte ich

Berlin gerade für zwei Tage verlassen. Ich war in die Heimat gereist, um mit meinem Patenonkel seinen Geburtstag zu feiern. »Er ist nicht ansprechbar«, sagte die Ärztin am Telefon, »gibt es eine Patientenverfügung?«

Nicht jetzt, dachte ich, ich kann ihn jetzt nicht sterben lassen, ausgerechnet.

Mein Freund, der in Berlin geblieben war, schaffte es in die Notaufnahme; eine Schwester der Krankenhausseelsorge versprach mir, nach meinem Vater zu schauen, während ich verreist war. Trotzdem konnte ich ihn nicht sterben lassen. Nicht jetzt, wo ich nicht bei ihm war.

Meinem Vorsatz zum Trotz sagte ich noch einmal, ich müsse erst nachschauen. Alle paar Stunden riefen sie an und bedrängten mich.

Ich fuhr zurück nach Berlin, betrat das Krankenzimmer, das Fenster war gekippt, mein Vater lag auf dem Rücken. Ein durchsichtiger Schlauch beförderte durchsichtige Flüssigkeit in seine Venen, Medikamente und Nährstoffe. Als er mich sah, riss er Augen und Mund auf, zeigte noch immer die Mischung aus Freude und Erleichterung wie all die Monate zuvor. Ich musste an den Satz denken, den er am Anfang seiner Zeit in Berlin zu mir gesagt hatte: »Wenn du hier bist, habe ich weniger Probleme.« Als trüge ich in mir die Macht, alles gutzumachen. Ich setzte mich an sein Bett, er griff meine Hand und drückte mit einer Kraft zu, die mich erstaunte. Er wollte mir etwas erzählen, doch sein Hals stellte keine Worte mehr her. In der Stille hörte ich, dass er schwer atmete.

»Er hat eine Lungenentzündung«, sagte der ältere Arzt in einem Sprechzimmer, der jüngere nickte, »und er kann nicht schlucken. Wir müssen überlegen, wie es weitergeht.«

Durch meinen Kopf fegten die Ereignisse ein Jahr zuvor, auch diesmal war wenige Tage zuvor »alles in Ordnung« gewesen (wie ich nun zu sagen bereit war). An Weihnachten hatten wir einen Spaziergang gemacht, mein Vater hatte den Baum in der Kirche betrachtet und Gemälde im Schaufenster einer Galerie, er hatte »wie schön!« gerufen; er hatte am Tisch gesessen, Gans gegessen, gesprochen, einen Schluck Rotwein aus seinem Plastikbecher getrunken. Wir hatten zusammen gesungen, mein Bruder und seine Familie am Telefon zugeschaltet. Am Abend hatte die Betreuerin ins Protokoll notiert, er habe von seinen Erlebnissen erzählt und »schien gut gelaunt«.

Dann war er gestürzt, und sein Zustand hatte sich verschlechtert. Mein Bruder war für ein Wochenende mit der Familie gekommen, unser Vater saß vor seinem Kuchen am Tisch, auf seinem Hinterkopf die genähte Platzwunde, meine Nichte reichte ihm Tee.

»Es mag Ihnen vorkommen wie eine Verkettung unglücklicher Umstände«, sagte der Mann vom Hospizdienst in einem anderen Zimmer, einem kleinen mit einem Holzkreuz an der Wand, »Sturz, Lungenentzündung, Schluckstörung. In Wahrheit ein ganz normaler Verlauf.«

»Wir machen es besser gleich«, sagte der Pfarrer in der Kapelle des Krankenhauses, als ich ihn bat, meinem Vater eine Krankensalbung zu geben, er legte eine Stola um, schlug ein Gebetbuch auf, las den Text für Todkranke vor und segnete den Vater auf die Stirn.

»Sagen Sie Ihrem Bruder, er soll sich auf den Weg machen. Nicht überstürzt, aber bald.« (Wieder der Arzt.)

Plötzlich lauter Leute, für die der Tod zur Routine gehörte.

Als der Pfarrer sein Buch eingepackt hatte, gegangen war, saß ich am Bett meines Vaters, und es wurde still. Ich betrachtete meinen Vater und fragte mich, wie es ihm gehen mochte. Er öffnete und schloss die Augen. Wenn sie offen waren, blickte er mich an und im Raum umher. Jetzt, wo er nicht mehr sprechen konnte, wirkte er erstaunlich orientiert, im Hier und Jetzt. Was mochte er von den letzten Tagen mitbekommen haben, die Stürze, die Notaufnahme? Sein Blick war gefasst. »Das Atmen bei der Lungenentzündung hört sich schlimmer an, als es ist«, hatte der Arzt gesagt. Mit der einen Hand hielt ich die meines Vaters, mit der anderen zog ich immer wieder mein Handy aus der Tasche, wenn mein Vater seine Lider senkte. Abwechselnd sah ich ihm in die Augen und googelte nach Normalitäten. Ich suchte »Lungenentzündung« und las: mit Antibiotikum binnen Tagen überstehbar. Ich suchte »Demenz + Lungenentzündung« und stieß auf eine andere Welt: Eine der häufigsten Todesursachen bei demenzkranken Menschen, sie verlernen das Schlucken, weil es ein komplexer Vorgang ist, Nahrungsreste fallen in die Lunge.

Ich rannte die Treppe hinunter und vertraute, endlich, dem Mann vom Hospizdienst die Patientenverfügung an. Wieder redete ich vom Spaziergang, vom Essen, von der Freude, die der Vater vor Tagen noch empfunden hatte. Der Mann nickte geduldig. »Sie können es auch anders sehen: dass er bis zum Schluss all das konnte.« Mein Vater, sagte er mit Frieden in der Stimme, könne sich glücklich schätzen, ergriffe er jetzt die Gelegenheit zu gehen.

Als ich am Abend nach Hause kam, hatte sich etwas in mir verändert, als hätte seine Aussage mir den Weg zu einer brauchbaren Sicht gewiesen: das Vergangene wollen, ohne es zurückzuwollen. Es aufnehmen in das Neue, das das Alte in sich trägt und doch anders ist.

Am nächsten Abend streckte mein Vater seine Hand nach mir aus, er kannte mich noch immer und freute sich. Er schien präsent wie lange nicht, doch sein Blick war verändert, als hätte er etwas verstanden, gegen das ich noch kämpfte. Zum ersten Mal seit Tagen schien er Kraft nicht zu verlieren, sondern zurückzugewinnen, er bewegte die Schulter und drehte sich fast auf die Seite. Ich gab ihm einen Kuss auf die Stirn und mit dem Daumen ein Kreuzzeichen, wie es unsere Mutter getan hätte.

Ich kam nach Hause, mein Freund und ich räumten den Weihnachtsbaum ab, brachten die Sachen in den Keller, stellten die Tanne an die Straße.

Kurz vor Mitternacht holte ich meinen Bruder mit dem Auto am Bahnhof Zoo ab, »morgen früh, gleich ganz früh, gehen wir zu ihm«, sagte ich, »heute Nacht wird er nicht sterben, er wirkte stärker als gestern; wir müssen überlegen, wie es weitergeht«. Ich hatte die Schwester gebeten, mich anzurufen, sollte sich sein Zustand in der Nacht verschlechtern.

Das Handy neben meinem Bett klingelte, auf dem Display stand »5:00 Uhr« und die Nummer der Station, ich griff es und streckte die andere Hand nach der Hose aus; jetzt war es so weit, wir würden hinfahren, uns verabschieden.

»Es tut mir leid«, sagte die Schwester, »Ihnen mitteilen zu müssen, dass Ihr Vater verstorben ist.«

EIN VERSUCH, SCHAM ZU ÜBERWINDEN

Am neunten Tag nach dem Tod fragte der Pfarrer, mit welchen Eigenschaften er unseren Vater bei der Beerdigung beschreiben könne. Wir hatten ihn in das Familienhaus eingeladen, in dem unser Vater seine letzten Jahrzehnte verbracht hatte. Auf dem Friedhof wenige Straßen entfernt lag unsere Mutter; der Vater wollte an ihrer Seite begraben werden. Es war später Januar, ein Schneesturm war über das Dorf gezogen, das Haus ausgekühlt, die Heizung musste erst wieder anlaufen. Wir saßen mit Pullovern und mitgebrachtem Kaffee im Wohnzimmer, in dem sich unser Vater zum Abschied umgeschaut hatte: der Pfarrer, mein Bruder, seine Frau und sein Kind und ich.

Während wir sprachen, warfen mein Bruder und ich uns Blicke zu, einer sich rückvergewissernd beim andern. Wir beschrieben den Vater, den wir unser Leben lang gekannt hatten, doch wirkte ein neuer Schwierigkeitsgrad. Etwas Grundlegendes hatte sich verändert.

Wir waren in ein Stadium eingetreten, in dem es nicht mehr um den Vater ging. Es ging jetzt darum, wie andere ihn sahen.

Die Beurteilung unseres Vaters durch andere hatte gleich nach seinem Tod offizielle Form angenommen. Beileidskarten trafen ein, Menschen, deren Namen uns manchmal gar nichts sagten, schrieben in schwarzer Schrift, wie sie unseren Vater in Erinnerung behalten würden. Schulfreunde aus meinem Gymnasium erwähnten seine Ideen und seinen Einsatz bei Festen; er hatte für die Klasse nicht nur gegrillt, sondern auch Tauziehen, Wettkämpfe, Spiele organisiert und dafür mit einem Wirt über die Nutzung seines Waldgrundstücks verhandelt.

Die Männer aus seiner Turngruppe empfanden »seine Kameradschaft, seine Hilfsbereitschaft, seinen Humor« als Bereicherung, »aber auch sein unterhaltsames Wissen«. Sofort fielen mir Dialoge ein, in denen sich die Schlagfertigkeit meines Vaters fast bis zum Schluss behauptet hatte; in den letzten Monaten hatte ihr seine Krankheit eine eigene Logik verliehen, die mich immer noch schmunzeln ließ:

»Wir können hier die Straße hochlaufen.«

»Aber nicht höher als zwanzig Zentimeter! Ich will nicht runterfallen.«

»Warum ziehst du dir immer den linken Socken aus?«

»Die beiden Socken vertragen sich nicht.«

»A. hat Geburtstag.«

»Ist der Preis ab?«

»Er wird neunundsechzig.«

»Da gibt es doch ein Widerrufsrecht.«

Arzt bei der Untersuchung: »Drehen Sie sich mal in diese Richtung, zu der hübschen Frau.«

Vater: »Sind die alle verheiratet?«

Frau des Arztes: »Wir sind hier alle verheiratet. Aber höflich, dass Sie fragen.«

»Hallo Papa.«

»Was willst du damit sagen?«

Seine Krankheit, sein Wegzug aus dem Dorf, die familiäre Situation blieben in den Beileidskarten unerwähnt.

Auch wir erzählten dem Pfarrer Momente aus dem Leben eines liebenswerten Menschen mit einem Wesenszug, den der Pfarrer »fast schüchtern« nannte. Was die Beileidskarten aussparten, sparten auch wir aus. Klang etwas davon an, zaghaft, aus Versehen, etwas über die Krankheit, ein Detail aus dem Alltag in der »Residenz«, sagte ich schnell zum Pfarrer: »Das verwenden Sie nicht, oder?« Was wir sagten, war nicht zu trennen von der Vorstellung, wie der Pfarrer die Worte vor der Trauergemeinde wiederholen würde, und von den Reaktionen auf den Gesichtern derer, die sie hörten.

Etwas in mir wehrte sich dagegen, dass gewisse Dinge angesprochen wurden. Als könnte ich mit diesen Dingen nur in einer Welt leben, in der mich niemand kennt und zur Kenntnis nimmt, in der es dunkel ist und unübersichtlich, das Gegenteil des Dorfes, in dem die Beerdigung stattfinden sollte.

Der Blick der anderen, die Beurteilung von außen war so in den Vordergrund getreten, so unübersehbar freigelegt, dass es sich ungehörig anfühlte. In mir stieg jedoch eine

Ahnung auf, dass in diesem Eingeständnis die Voraussetzung dafür liegen könnte, mich dem Gefühl zu nähern, das mich davon abhielt, über bestimmte Dinge zu sprechen.

Wir alle brauchen eine Lebensgeschichte. Der Psychologe Dan P. McAdams hat sich damit beschäftigt, wie wir sie erzählen. Ausgehend vom Konzept der Ich-Identität des Psychoanalytikers Erik H. Erikson hat er den Begriff der »narrativen Identität« geprägt. Wir erschaffen sie, indem wir unsere Lebensgeschichte entwerfen. Sie integriert zahlreiche, oft gegensätzliche Bestandteile in ein Ganzes. Nach McAdams ist die integrative Wirkung eine doppelte: Sie bringt die Rollen eines Lebens zusammen, unsere vielfältigen Beziehungen zu Menschen. Und sie bringt verschiedene Zeiten zusammen, von der Kindheit bis zum Alter, in denen wir uns sehr unterschiedlich verhalten. Sie gibt dem Leben einen übergreifenden Erklärungszusammenhang.

Als ich mit meinem Vater über dieses Buch sprach, sagte er: »Schreib die wichtigsten Daten hinein, Name, Geburtsjahr, Geburtsort, Ausbildung, Beruf.« Überhaupt sagte er in den vergangenen Monaten oft: »Nimm Stift und Papier und schreibe: Name, geboren am.« Wahrscheinlich hätte er auch den Pfarrer auf die Angaben zu seiner Person verwiesen. Er hätte gesagt, die Daten, die wir in der Todesanzeige in der Zeitung veröffentlicht hatten, genügten, mehr brauche man über sein Leben nicht zu erzählen.

Ich musste mir eingestehen, wie wenig ich über das Leben meines Vaters wusste. Sein Leben vor anderen zu reflektieren, war nicht seine Sache gewesen, nicht einmal vor dem kleinsten und vertrautesten Publikum, bestehend aus meinem Bruder und mir. Wenn wir Glück hatten, ließ er uns an Bruchstücken seiner Erinnerung teilhaben. Die meisten gingen zurück auf die Zeit seines Schulabschlusses, des Wehrdienstes und des sich daran anschließenden Studiums. Ich weiß, dass er seine Wehrausbildung bei der Luftwaffe durchlief, verschiedene Stationen, Delmenhorst, Neubiberg bei München, das Luftwaffenamt Wahn in Köln-Porz. Er studierte an der Universität Bonn, nahe seiner Heimat, traf Kommilitonen, trank (und rauchte, was er später aufgab). Reisen führten ihn nach Amsterdam, Paris. Manchmal zitierte er, was ein Professor in seiner Vorlesung gesagt hatte. In dieser Epoche lernte er einen Freund kennen, mit dem er sich über Jahrzehnte Briefe schrieb. Er und der Freund begegneten zur selben Zeit Frauen, die sie heirateten, wurden Väter.

Diese Erinnerungen stammten alle aus dem Alter zwischen fünfzehn und dreißig. Es ist die Zeit, in der sich aufbaut, was die Psychologie »reminiscence bump« nennt, Erinnerungshäufung. In ihr werden wir erwachsen, treffen wichtige Entscheidungen und lernen Menschen kennen, die unser Leben prägen. Ein Foto meines Vaters drückt diese Zeit und ihre Stimmung besonders gut aus, ein Schnappschuss, der wie eine künstlerisch arrangierte Straßenszene wirkt. Ich mag das Bild, habe es vergrößern und rahmen lassen. Es entstand auf einer Reise der Abschlussklasse, junge Männer scharen sich um den Tisch eines Cafés, der Lehrer raucht und erzählt, Bierflaschen stehen herum. Mein Vater sitzt in der Mitte und schaut herausfordernd in die Kamera, die Lippen gewölbt wie bei James Dean. In seinem Blick liegt die Freiheit, und die Freiheit lebte davon, dass das Ende offenblieb.

Bei einer Geschichte aber geht es ums Ende. Ihr wichtigstes Element ist ein Protagonist, der ein Bedürfnis hat und ein Ziel verfolgt. Die Forschung hat herausgearbeitet, dass sich das autobiografische Gedächtnis vom rein episodischen genau dadurch unterscheidet: Es erinnert nicht nur unzusammenhängend, was passiert ist – sondern was *gerade mir* passiert ist, wie es *gerade mir* passiert ist, warum es *gerade mir* passiert ist. Es erinnert Ursache und Wirkung, bezogen auf das eigene Leben.

Denke ich über die Bedürfnisse und Ziele meines Vaters als Protagonist seiner Lebensgeschichte nach, kommt mir eine Szene in den Sinn, die sich vor vielen Jahren ereignete, auf einem Familienfest. Ich erinnere mich nicht mehr an den Anlass und auch nicht, ob es vor oder nach dem Tod unserer Mutter stattfand. Es war ein großes Fest, die große Familie meiner Mutter im großen Haus meines Onkels. Ich erinnere mich daran, wie mein Blick aus mittlerer Entfernung zufällig meinen Vater traf, er trug ein braunes Sakko, hielt ein Glas Sekt in der Hand und stieß mit jemandem an. Er lachte.

Ich weiß nicht, woran es lag, dass ich mich in diesem Moment fragte, wie mein Vater sein Leben empfinden mochte. Was seine Wünsche waren und seine Ängste. In diesem Moment sah ich in ihm den Mann, der nach dem Rechtsreferendariat auf einer Studienreise nach Rom unsere Mutter kennengelernt und für sie seine Heimat verlassen hatte. Der zu ihr gezogen war, in ihr Dorf, an dem sie hing. Der sich in der Stadt ein paar Kilometer weiter als Rechtsanwalt niedergelassen hatte, sich um das Haus kümmerte, in dem wir lebten, um den Garten; der im Sommer die Latten des langen Holzzauns strich, weil das »mal wieder nötig« war, neben sich die Fußballberichterstattung aus dem Radio und einen Steinkrug mit Bier.

Was hatte dieser Mann vom Leben gewollt und was hatte er bekommen? Ich wusste es nicht.

Auf die Frage »Wie geht es dir?« lautete seine Antwort viele Jahre gleich: »Es geht immer weiter.« Er meinte den Alltag, das Leben, es ging seinen Gang, der Rede nicht wert. In welchen Erklärzusammenhang er die Ereignisse seines Lebens stellte, wie er sie bewertete, wie er aus dem Einzelnen ein Ganzes machte – darüber hat unser Vater mit uns nicht gesprochen.

Vielleicht hätte er eine Tochter dafür gebraucht. Die Psychologin Robyn Fivush hat in Studien gezeigt, dass Mütter und Väter sich mit Töchtern anders erinnern als mit Söhnen. Gefühle, besonders Traurigkeit, sind zwischen Eltern und Söhnen selten ein Thema. Am wenigsten sind sie es wohl zwischen Vätern und Söhnen.

Die Biografieforschung kennt verschiedene Zugänge zum Innenleben eines Menschen. Neben Interviews nutzt sie sogenannte »Ego-Dokumente«, Texte, die ein Leben aus der Sicht desjenigen beschreiben, der es lebt. Oft sind es Tagebücher, Briefe, Notizen.

Über Jahre dachte ich, mein Vater habe mit den Aufzeichnungen auf Zetteln erst begonnen, als er merkte, dass ihn die Erinnerung verließ. Doch nach seinem Tod machte ich einen Fund. Das Standesamt hatte die Sterbeurkunde unserer Mutter angefordert, als Nachweis dafür, dass unser Vater im Personenstand »Witwer« gestorben war. Mir blieb eine halbe Stunde zwischen dem Gespräch mit dem Pfarrer und einem Termin mit dem Bestatter. In einer Kiste hatte ich den Ordner »Persönliche Dokumente« entdeckt. Die Kunststoffhüllen klebten aneinander, so lange hatte niemand darin geblättert. Sauber in ihnen abgeheftet waren Schriftstücke aus der Zeit, die dem Vater so wichtig gewesen war: die Einberufung zum Wehrdienst, die Ernennung zum Leutnant der Reserve, Zeugnisse und Bescheinigungen aus dem Studium, von allem gab es in den Hüllen auch Abschriften. Die Sterbeurkunde seiner Frau war nicht dabei.

Ich durchwühlte die Kiste mit zunehmender Unruhe. Plötzlich fielen quadratische Zettel heraus, segelten zu Boden; ich bückte mich, hob sie auf. Sie trugen den orangegrünen Werbeaufdruck einer Firma aus Frankfurt, mit vierstelliger Postleitzahl und einer Telexnummer. Sie waren mit blauem Kugelschreiber beschrieben, in der großen Schrift meines Vaters, ein Satz ging teils über mehrere Zettel. Ich wendete sie hin und her, legte sie aneinander wie Puzzleteile, um den Sinn zu erfassen. Ich setzte mich und las. Als ich verstand, worum es ging, bekam die Stille im Raum eine Schwere.

Wir haben so einen schönen Christbaum, wenn sie den sehen könnte.

Ich bin allein, ihr seid es nicht.

Sie fehlt mir sehr.

Mit einem Mal war »verwitwet« nicht mehr nur eine Angabe zur Person, wie mein Vater sie auf Steuererklärungen gemacht hatte. Das Wort hatte sich in Fühlbares verwandelt, und vor meinen Augen entfaltete sich ein Stück seiner Lebensgeschichte. Die Aufzeichnungen schienen Stichpunkte für Telefonate und Briefe zu enthalten. Manches wirkte wie ein Begründungsansatz, um denen abzusagen, die ihn treffen wollten.

Wo andere fröhlich sind, kann ich nicht dasitzen und trauern, das hilft mir nicht und stört die anderen, die nicht betroffen sind.

Wohl an seine Turngruppe gerichtet:

Ich bin, soweit ersichtlich, der erste Witwer.

Den Paaren riet er:

Seid gut zueinander. Seid froh, dass ihr euch habt. Bei mir ist jäh alles zu Ende gegangen. Es kommt nicht wieder.

Auf einem Zettel, den ich nicht einordnen kann, stand etwas wie die Möglichkeit eines Plans, formuliert in der dritten Person:

Vielleicht geht er ja ins Kloster.

In meiner Fantasie entstand das Bild eines verwundeten Tiers im Versteck.

Sein ganzes Leben hatte mein Vater so gut wie nicht über Einsamkeit gesprochen. Ich ging davon aus, er war gerne allein. Dass ihn die Einsamkeit umtrieb, erfuhr ich erst spät.

Mir kam das eine Mal in den Sinn, als er im Krankenhaus lag, in einem Zweibettzimmer. Der andere Mann war älter als er, aber seine Leiden waren auf den Bauchraum beschränkt. Vom Krankenlager aus dirigierte er seine Geschäfte, das Smartphone am Ohr. Beim Abschied machte der Mann mir Andeutungen. Offenbar hatte mein Vater mit ihm gesprochen, durch das Dunkel einer Krankenhausnacht, von Bett zu Bett, über Einsamkeit. In welche Worte er seine Selbstoffenbarungen gefasst hatte, weiß ich nicht. Ich sah den Fremden nur an, meine Kehle zugedrückt, konnte nichts fragen. Ich nickte artig Auf Wiedersehen, zog meinen Vater hinaus auf den Flur.

Mein Vater war über fünfundsiebzig, als er am Telefon zum ersten Mal zu mir sagte: »Ruf bald wieder an.« Noch älter musste er werden, um zu bekennen: »Es ist manchmal einsam hier.«

Die Zettel, die ich nun in seinem Haus gefunden hatte, richteten sich an eine Außenwelt. Sie sprachen jemanden an. Ob sie zum Einsatz kamen, am Telefon, in einem Brief, weiß ich nicht. Vielleicht sind sie Entwurf geblieben.

Jede Lebensgeschichte hat ein Publikum, schreibt McAdams. Auch Menschen, die nicht mit anderen über ihr Leben sprechen, entwickeln ihre Lebensgeschichte nicht im sozialfreien, unüberwachten Raum. Sie haben, so McAdams, das Publikum im Kopf, gespeist aus internen oder externen Instanzen: »Jemand hört oder schaut immer zu, seien es Freunde und Bekannte, Eltern und Kinder, oder sei es Freuds Über-Ich, Meads ›verallgemeinerter Anderer‹, internalisierte Anhaftungsobjekte oder Gott.« Ständig glichen wir unsere Geschichte damit ab, was als »erzählbare Geschichte« durchgehe, als »erzählbares Leben«.

Obwohl unser Vater gläubig war, stelle ich mir als sein Publikum hauptsächlich den »verallgemeinerten Anderen«

vor. Er entstammt der sozialphilosophischen Rollentheorie George Herbert Meads. Der verallgemeinerte Andere ist keine wirkliche Person. Er ist ein Konstrukt, in das Sichtweisen vieler Mitglieder der Gesellschaft einfließen. Der Blick des Einzelnen ist ersetzt durch allgemeine Werte und Erwartungen. Der verallgemeinerte Andere hat kein Gesicht und keinen Namen.

Mein Vater sagte oft: »Mir egal, was die Leute denken.« Er meinte es so, und er meinte die Leute mit Gesicht und Namen. Unsere Mutter war mit diesen Leuten aus dem Dorf zur Schule gegangen, sie verfolgte das weitere Leben ihrer Freundinnen, die sie auch nach der Heirat mit ihren Mädchennamen bezeichnete. Sie muss sich umgekehrt von ihnen beobachtet gefühlt haben. Unser Vater, der Zugezogene, machte sich wohl wirklich nichts daraus, was eine konkrete Nachbarin über ihn dachte oder ein bestimmter Spaziergänger, der ihm entgegenkam.

Und doch achtete er darauf, dass seine Schuhe geputzt waren, wenn er ins Büro fuhr, dass wir eine »ordentliche« Hose trugen, wenn wir sonntags zur Kirche gingen, dass wir beim Essen nicht den Ellbogen aufstützten, denn »das gehört sich nicht«, dass die Geranien auf dem Balkon gepflegt aussahen und der Gartenzaun gestrichen. Ihn interessierte nicht die Meinung eines Einzelnen. Wohl aber interessierte ihn, was »man« machte.

Ein Leben innerhalb des gesellschaftlichen Grundrauschens, ein gewöhnlicher Gang der Dinge – ich glaube, mein Vater empfand das nicht als Zwang und nicht als Beschränkung. Er wollte es so, und wenn er es erreichte, machte es ihn zufrieden.

Der Essayist Daniel Schreiber notiert in seinem Buch *Allein:* »Die meisten von uns gelangen irgendwann an einen Punkt, an dem wir feststellen, dass das Leben nicht so ist, wie wir es uns einmal vorgestellt haben.« Er beschreibt, wie er während der Pandemie im Supermarkt vor einem leeren Regal stand und ihn die Einsicht traf, »dass ich ab jetzt völlig auf mich allein gestellt war«. Dass er allein war, ohne es gewollt zu haben.

Ich finde das einen ergiebigen Blickwinkel, um zu fragen, wer jemand ist oder war: Wann und wie hat eine Person festgestellt, dass ihr Leben nicht so verlaufen ist, wie sie es sich vorgestellt hat?

Mindestens drei Punkte fallen mir ein, an denen die Geschichte meines Vaters vom gesellschaftlich unauffälligen Leben, das er sich wohl wünschte, wesentlich abwich.

Es ist bekannt, dass Kinder homosexuell sein können, doch dass der eigene Sohn schwul ist, bedeutet für den Vater eine wesentliche Abweichung vom Lebensplan, in dem die Kinder eine Familie gründen wie man selbst.

Es ist bekannt, dass einer von zwei Ehepartnern zuerst stirbt, doch so früh und so plötzlich zurückzubleiben, ist nicht vorgesehen.

Es ist bekannt, dass Demenz eine verbreitete Krankheit ist, doch in der Altersgruppe meines Vaters betrifft Alzheimer in Europa nur sechs Prozent der Männer. Es traf ihn ungerecht früh.

Jeder dieser Punkte hat meinen Vater beschäftigt. Über seine Stellung als Witwer zeugen seine Notizen davon. Über Demenz sammelte er Zeitungsartikel in einer Schublade. Und nachdem ich im September 1996 zu Hause von meiner ersten Männerbekanntschaft erzählt hatte, sagte er mir: »Ich konnte den ganzen Tag an nichts anderes denken.« Nie zuvor hatte er zugegeben, dass ihn ein Thema derart beschäftigte. Danach haben wir fast nicht mehr darüber gesprochen.

Gar nicht gesprochen haben wir über die anderen Themen.

Dass mein Vater über gewisse Dinge nicht sprach, schien mir lange Zeit so natürlich, dass es nicht hinterfragungsbedürftig war. Er machte eben kein Aufheben um sein Leben. Er wollte den verallgemeinerten Anderen nicht mit Befindlichkeiten behelligen.

Man muss eine Weile auf die scheinbar routinierte Gelassenheit schauen, bis die Möglichkeit erscheint, dass hinter ihr auch ein Schamgefühl gewohnt haben könnte. Über die Stellen, an denen unser Leben nicht verläuft, wie wir es uns vorgestellt haben, sprechen wir auch deshalb nicht gerne, weil sie eine Quelle von Scham sein können.

Scham ist, wie der Stolz, »ein soziales Gefühl, das unseren Bindungen an andere entspringt«, schreibt Siri Hustvedt. Beides entsteht, wenn wir uns mit den Augen eines anderen sehen. *Vielleicht geht er ja ins Kloster.* So dachte mein Vater, dass andere über ihn dachten. Vielleicht hat es auch tatsächlich jemand gesagt.

Ich weiß nicht, ob mein Vater Scham verspürt hat. Erst nach und nach ist mir aufgefallen, dass die Abweichungen in seinem Leben jedenfalls schambehaftete Themen betrafen. Unzählige Studien haben erforscht, wie Demenz jeden belastet, der merkt, was mit ihm geschieht. Geist und Gedächtnis sind so untrennbar mit gesellschaftlichem

Funktionieren verbunden, dass ihr Verlust verstört. Erkrankte wollen die Diagnose nicht wissen oder halten sie geheim. Sie entwickeln eine verblüffende Fähigkeit, Fassaden aufzubauen, unauffällig klingende Sätze zu sagen. Aus Scham meiden sie Kontakt zu anderen. Veränderungen werden lange ignoriert, aus Scham suchen ganze Familien viel zu spät Hilfe.

Ich musste an die Entrüstung meines Vaters denken, als ihn der Arzt zum Neurologen schickte. An eine Notiz, die ich gefunden hatte: »Anruf Frau X aus dem Nachbarort, ca. 12 Uhr: Wie es mir gehe, ob ich zurechtkomme. – Keine fremde Hilfe nötig, vielen Dank gesagt.« An seinen Ärger, wenn er Hilfe *bekam*. An seinen Komplettrückzug aus sozialen Kontakten. An den Tag des Aufbruchs, die Verabschiedung aus dem Dorf, in dem für alle sichtbar wurde, dass er allein nicht mehr zurechtkam. Stück für Stück hatte ihn die Wirklichkeit überrollt und ihm keine Wahl gelassen, als sich mit einer Krankheit in Verbindung zu bringen, die für so viele Scham bedeutet.

Auch der Verlust des Partners kann Schamgefühle auslösen. Besonders erforscht ist das für das »sudden death bereavement«, das Verlassenwerden durch plötzlichen Tod wie Suizid oder Unfall. Der Hinterbliebene fühlt sich in seiner neuen Rolle nicht vollwertig. Ich musste an die gesellschaftlichen Anlässe denken, zu denen mein Vater nicht ging, denn: »Da bringen alle ihre Partner mit.« Nicht selten kommen Schuldgefühle hinzu, weil man lebt, der Partner nicht.

Und wie viele Familien noch am Beginn dieses Jahrtausends die Homosexualität eines Kindes als beschämendes Geheimnis hüten, beschreiben der Anthropologe Gilbert Herdt und der Psychotherapeut Bruce Koff in ihrem Buch

Something to Tell You. Es ist nicht lange her, dass sexuelle Handlungen unter Männern in Deutschland strafbar waren, die Akteure Kriminelle; es war die Zeit, in der mein Vater und meine Mutter aufwuchsen und die Regeln der Gesellschaft lernten. Die Queer-Theoretikerin Eve Kosofsky Sedgwick hat beschrieben, wie queere Scham verschiedene Lebensbereiche durchdringt, unsere Beziehungen und Handlungen und unser Selbstverständnis.

Anders als Einsamkeit und Traurigkeit hat mein Vater die Scham zumindest in allgemeinen Sätzen erwähnt. »Da muss man sich ja schämen«, sagte er, wenn unsere Schuhe eben nicht geputzt, unsere Hosen eben nicht ordentlich waren. Über Schamgefühle, die tiefer saßen als schmutzige Schuhe, hat er mit mir nicht gesprochen.

Scham ist etwas für die Generation meiner Eltern, die mit anderen Moralvorstellungen und rigideren gesellschaftlichen Erwartungen aufwuchs. Nicht für mich.

Lange glaubte ich das.

Doch da war der Gedanke an die Welt, in der mich niemand kennt und zur Kenntnis nimmt, in der es dunkel ist und unübersichtlich, das Gegenteil unseres Dorfes. Jetzt, wo die Themen sich nach und nach freilegten, um begutachtet zu werden, konnte ich mich dieser Welt nähern. Der Soziologe Erving Goffman bemerkt in seinem Buch *Stigma*, dass uns oft nicht bewusst ist, welchen gesellschaftlichen Erwartungen wir entsprechen, »bis eine akute Frage auftaucht, ob sie erfüllt werden oder nicht«.

In meinem Leben tauchte diese akute Frage auf, als mein Vater in seinem Haus nicht mehr zurechtkam. Arno Geiger schreibt: »Die Konvention verlangt, dass man ein schlechtes Gewissen bekommt, wenn man beschließt, ein enges Familienmitglied ins Heim zu geben.« Die Pflegeforscherinnen Ingrid Hanssen und Flora Mkhonto werfen einen internationalen Blick auf die Scham, die damit verbunden ist. Sie schildern, wie Angehörige die Entscheidung hinausschieben, bis sie nicht mehr leugnen können, dass es keine andere Möglichkeit gibt, sich in einer Sackgasse gefangen finden, in Panik geraten. Im Todesjahr meines Vaters stand vor dem Landgericht Frankfurt eine Frau, die ihre demenzkranke Mutter zu Hause behalten hatte, nicht ins Heim geben wollte. Doch die Mutter war verwahrlost gestorben, mit Wunden. »Ich schäme mich«, sagte die Frau vor Gericht. Sie habe ihre Kraft überschätzt. Das Gericht verurteilte sie wegen Misshandlung Schutzbefohlener. Weil die Frau überfordert war, weil es eine Tragödie war, milderte es die Strafe. Ein Fall unter vielen.

Arno Geiger rationalisiert: das qualifizierte Personal des Pflegeheims, die Belastung der Familie, der Vater hatte sich auch zu Hause nicht mehr daheim gefühlt. Die Argumente für professionelle Hilfe lassen sich kaum infrage stellen. Doch das Gefühl, das sie begleitet, ist Sachargumenten nicht zugänglich: Die Pflege der Eltern, die einen als Kind umsorgt haben, in fremde Hände zu geben, verletzt persönliches Pflichtgefühl und gesellschaftliche Erwartung. Manche sehen darin ein moralisches Versagen der Familie. Hinzu kommen Schuldgefühle, weil man gegen die Krankheit des Angehörigen nichts tun kann.

Jetzt, vor der Beerdigung meines Vaters, wurde mir bewusst, wie ich vermieden hatte, das Wort »Heim« in Verbindung mit meinem Vater zu verwenden. Ich sprach von »Einrichtung«, von »Residenz«. Oder sagte nur: »Er wohnt bei mir um die Ecke.« Hörte ich von Bekannten »Wir haben unseren Vater zu Hause gepflegt«, wurde ich still. Dann musste ich, eilig, in Gedanken, Gründe finden, warum ihr Fall anders lag. Ich suchte meinen Ausweg darin, dass es in den Geschichten der anderen selten um Demenz ging. Auf meinem Nachttisch lag das Buch *Nachts wach* der ehemaligen Pflegeheimnachtwache Berthe Arlo, das mir mein Freund geschenkt hatte. Immer wieder las ich darin vor dem Einschlafen: »Ganz besonders in der Nacht können sie Gefahren nicht einschätzen, verlaufen sich, verletzen sich, ängstigen sich und was der Dinge mehr sind. Auf Gedeih und Verderb sind die alten Menschen denen, die sie pflegen, ausgeliefert und auf fremde Hilfe angewiesen. Dabei ist jede Nachtwache in jeder Nacht auf sich allein gestellt. Denn der Nachtwache wird in jeder Nacht eine Verantwortung aufgebürdet, die sie eigentlich überhaupt nicht tragen kann.«

Manchmal kann ich trotz Berthe Arlo nicht schlafen.

Der Literaturkritiker Ulrich Greiner nimmt in seinem Buch *Schamverlust* an, dass Schuld und Scham die stärksten Antriebskräfte zum Schreiben sind: »als Ausdruck eines unlösbaren Konflikts, als rückwirkende Schambewältigung, als Erklärungsversuch des Unverstandenen, vielleicht gar Unerklärbaren.« Im Schamgefühl betrachten wir uns als Außenstehende, »und Selbstbegegnung ist die Bedingung von Literatur«, so Greiner. Die Energie zur Bewältigung des Schreibens komme aus der Erfahrung der Unzulänglichkeit und des Versagens.

Indem ich schreibe, was geschah, kann ich mich aus der Position des anderen betrachten. Und dieser Blick ist, erstaunlicherweise, weniger dramatisch. Gabriele von Arnim drückt es so aus: »Nur wenn ich schrieb, wenn ich in Worte fasste, was ich erlebte, ließ sich eine Distanz herstellen, gab es Raum zwischen dem Geschehen und mir. Wenn ich über den Wall der Worte spähte auf das, was mir geschah, konnte ich es ruhiger ertragen. Die Worte beschützten mich. Eingehüllt in einen Mantel aus Sätzen und Seiten und Punkten und Ausrufezeichen, fürchtete ich mich weniger. Der Blick auf das Geschehen hat das Geschehen selbst entdramatisiert, aus der Wirklichkeit eine Erzählung gemacht, die ich las und im Moment des Lesens nicht lebte.« Auch ich erinnere mich an Momente, in denen mir einzig die Flucht in den Gedanken daran blieb, in welche Worte ich das Geschehende fassen würde.

Nach dem Gespräch mit dem Pfarrer beschloss ich, in diesem Buch aus den Notizen meines Vaters zu zitieren, sie der Außenwelt zu öffnen, an die er sie gerichtet hat.

Für die Beerdigung schickte auch der Vorgänger des Pfarrers einen Nachruf per E-Mail. Es war der Pfarrer, der uns nach dem Tod unserer Mutter ins Pfarrhaus eingeladen hatte, der unseren Vater gut kannte. Er war inzwischen selbst über achtzig, lange im Ruhestand. Sein Text war kurz, umso eindringlicher seine Schlaglichter. Nach dem Dank für das Engagement unseres Vaters in der Gemeinde stieß er zum Kern vor: zum frühen Verlust der Ehefrau als prägender Lebenserfahrung. »Schwer angeschlagen, aber ohne Klagen und mit Gottvertrauen ging er seinen Weg pflichtgetreu weiter.« So deutlich hatte das im Dorf noch niemand formuliert.

Die belgische Philosophin Vinciane Despret ist der Ansicht, die Reden auf einer Beerdigung bestimmten das »posthume Schicksal« der Toten. Jeder füge etwas hinzu, das nicht alle wussten, und am Ende gingen die Angehörigen mit einem Toten nach Hause, mit dem sie leben könnten, dessen Schicksal wirksam bereichert sei.

Drei Tage vor der Beerdigung beschloss ich, neben dem Sarg meines Vaters selbst zu sprechen. Ich setzte mich hin und schrieb. Ich schrieb, was unser Vater für uns getan hatte, wie er uns nachts, wenn wir Ohrenschmerzen hatten, in eine Decke gehüllt zum Ohrenarzt fuhr.

Und ich schrieb über die anderen Dinge, über die ausdrückliche Formulierungen bislang fehlten, in einem Versuch, Scham zu überwinden. Ich schrieb über die Krankheit, die meinem Vater die Welt fremd gemacht hatte, zum Eindringling. Ich schrieb über sein Zimmer in Berlin, in dem er Bett und Tisch mit der Schere durchschneiden wollte, um sie mit mir zu teilen. Ich schrieb darüber, wie er meinen Freund in die Familie aufgenommen hatte.

»Es steht nichts darin, für das wir uns schämen müssten«, sagte ich zu meinem Bruder, und er nickte.

Als ich den Text vortrug, hörte man den leichten Regen um die Friedhofskapelle auf Gräber fallen, und die Gesichter der Anwesenden waren Gemälde.

FREUNDE SPIELEN

Heute Morgen bin ich mit dem Fahrrad durch die Stadt gefahren, nass geworden, der Aprilregen ist unberechenbar. Beim Brandenburger Tor, an einer Ampel zwischen den befahrensten Straßen der Stadt und dem Tiergarten, der, wenn es dunkel wird, alles schluckt, habe ich einen Aushang gesehen. Er war mit Kreppband an den Mast geklebt; um ihn zu lesen, musste ich absteigen und Zeile um Zeile nach links und nach rechts tänzeln. Ein Mann wird vermisst. »Er leidet an Alzheimerdemenz und benötigt dringend seine Medikamente.« Als er zuletzt gesehen wurde, trug er Winterjacke und Jeans, »er hat graue Haare, gutmütige Augen und ein freundliches Wesen«. Er hat das Haus ohne Mütze verlassen. Es gibt ein Foto, der Mann steht auf einer Brücke und schaut in die Kamera. Eine Telefonnummer fehlt, wer den Mann sieht, soll die Polizei rufen. Wer immer die Zettel aufgehängt hat, bezeichnet den Mann als »unseren Nachbarn«.

Ich vermisse meinen Vater auch. Ich weiß nicht, wo er ist. Als ich ihn zuletzt sah, trug er ein Krankenhaushemd und einen Schlauch am Arm.

Ins Wohnzimmerfenster habe ich eine Kerze gestellt, eine elektrische, die brennt und brennt und dabei flackert, als ginge sie aus. »Wie geht es deinem Vater?«, fragt die Nachbarin, »wir haben die Kerze gesehen.« Neben die Kerze habe ich das Holzkreuz gestellt, das sie ihm im Krankenhaus nach seinem Tod in die Hand gelegt haben. Davor ein Foto, das in den letzten Monaten entstanden ist. Es zeigt ihn auf der Dachterrasse seines Pflegeheims, das sich »Residenz« nennt, der Himmel dahinter sommerlich, aber zugezogen, einer der wenigen Momente in den letzten Jahren, in denen mein Vater in die Kamera schaut und zu einem Lächeln ansetzt. Sein Hemd ist oben aufgeknöpft. Eine Betreuerin hat das Foto gemacht, um mir zu beweisen, dass sie sich um ihn kümmern. Sie hat es ausgedruckt und in sein Zimmer gestellt.

Ich weiß nicht, wo mein Vater ist.

Eine Bekannte fragte: »Was geschieht mit den Toten? Sie können nicht einfach weg sein. Dafür muss es ein Konzept geben.«

Mein Vater war religiös. Das Konzept gibt es dort seit Jahrtausenden. Unsere Mutter, die Religionslehrerin, hat es uns beigebracht, als wir Kinder waren. Die Konzepte der Religionen sagen, die Seele ist nicht tot. Sie ist irgendwo, ich hoffe, in dem angenehmen Teil, den sie Himmel nennen. Das Konzept ist abstrakt; genau kann ich mir nicht vorstellen, wo er ist, wie er ist.

Ich sitze auf dem Sofa und betrachte das Foto neben der Kerze, und zum ersten Mal seit sehr langer Zeit denke ich an meinen Vater und meine Mutter wieder gemeinsam. Ich denke an sie wieder als Paar, als Einheit, denn wie auch immer man sich das Reich der Toten vorstellt, nun sind beide dort und nicht mehr in getrennten Welten.

Als meine Mutter starb, wohnte ich auch in Berlin. Ich stand nach ihrem Tod auf der S-Bahn-Brücke und schaute in die Ferne, auf die Lichter der kommenden und gehenden Züge. In einer Ecke meiner Wohnung hängte ich ihr Foto und das Foto ihres zerfetzten Autos auf. Ich setzte mich davor und sprach mit ihr, als wäre das die normalste Sache der Welt. Ich weiß nicht, ob ich über den Tod meiner Mutter, über ihr Fehlen vor fast zwanzig Jahren so viel nachgedacht habe wie heute über das Fehlen des Vaters. Vielleicht liegt es daran, dass ich jünger war, der Tod plötzlich, ein Unfalltod, dass die Verdrängungsleistung größer sein musste. Je mehr der Tod ins Leben passt, je mehr er dem Gang der Dinge entspricht, desto mehr kann er einem zu schaffen machen. Es fehlen die besonderen Umstände, die von ihm ablenken.

Ich gehe die Wege, die ich mit meinem Vater ging. Ich komme an dem Skatergeschäft vorbei, vor dem er immer anhielt. Mein Vater steht dort im Schaufenster. Er hat sich selbst erkannt. »Der sieht aus wie ich«, sagte er. Ich brauchte einen Moment, um zu merken, dass die Schaufensterpuppe eine blaue Baseballkappe und eine beige Cordhose trug, wie er. Die Puppe steht noch dort. Sie hat sich nicht umgezogen.

Wenige Tage nach dem Tod meines Vaters schloss die Corona-Teststation um die Ecke. Ich war dort Stammkunde, ins Pflegeheim durfte man nur mit Test. Die Leute, die mir den Abstrich aus der Nase nahmen, waren mir im Lauf der Zeit vertraut geworden; wir grüßten uns auf der Straße. Erst war die Teststation in einem Zelt untergebracht, das eines Nachts gestohlen wurde, dann in einem Container. Jetzt ist sie weg.

Das Zimmer meines Vaters haben wir am Tag nach dem Tod geräumt. Einen weiteren Tag später sah ich durch das Fenster neue Möbel, Licht, neues Leben. Sie hatten es sofort weitervermietet, jeder Tag Leerstand kostet Geld.

Ich bin allein.

Kurz nach dem Tod meines Vaters ist mein Freund abgereist, er arbeitet für einige Monate in den USA. Ich hatte nicht geplant, mitzukommen, ich wollte den Vater nicht alleinlassen, nicht riskieren, dass er mich nach der Rückkehr nicht mehr kennt. Als er starb, war es zu spät, um den Plan zu ändern.

Ich habe mit meinem Vater viel Zeit verbracht. In den letzten fünfzehn Monaten besonders viel. Nun sind die Stunden frei, und es ist ruhig.

Nachts schlafe ich entweder tief oder gar nicht. In beiden Fällen bin ich am nächsten Morgen müde. Ich gehe tagelang nicht aus dem Haus, brauche Vorräte auf, während alle Welt sagt, man soll Vorräte anlegen. Ich falle in alte Muster. Ich bleibe zu lange wach, trinke Bier, schreibe nachts. Ich zünde Kerzen in verschiedenen Zimmern an, höre Musik.

Nur im Studentenwohnheim gegenüber sind sie um die Zeit noch wach. Sie haben keine Vorhänge.

Ich muss daran denken, was mein Vater zu mir sagte, als ich studierte und mir die Nächte um die Ohren schlug:

»Mach die Nacht nicht zum Tag.« Ich antwortete: »Vielleicht ist die Nacht lebenswerter als der Tag.«

Auch wer es anders machen will als die Eltern, orientiert sich an ihnen, nimmt sie als Vergleich.

Die eine Hälfte meiner Freunde wirkt freudig. Sie meint, ich müsste froh sein, weil mein Vater es geschafft hat. Die andere Hälfte schaut ernst, meint, ich muss traurig sein.

Es gab die Zeit, in der ich mich fragte, ob ich mir wünschen darf, dass mein Vater stirbt. Später gab es die Zeit, in der ich mich fragte, ob ich mir wünschen darf, dass er noch eine Weile lebt. »Ich würde ihn vermissen«, sagte ich vor wenigen Monaten zu meinem besten Freund. »Das ist egoistisch«, sagte er. »Du musst ihn gehen lassen.«

Es gab die Zeit, in der mich die Erkenntnis erschreckte, dass die Antwort auch in meiner Hand lag. Als die Ärzte mich fragten, was sie tun sollten.

Nun ist egal, was ich mir wünsche.

Die eine Hälfte meiner Freunde lässt mich in Ruhe. Sie denkt, wenn jemand gestorben ist, will man Ruhe. Die andere fragt, ob wir etwas unternehmen.

Ich will allein sein, wie mein Vater. Nein, das stimmt nicht. Ich will nicht ganz allein sein. Ich will unter Leuten sein, aber allein. Ich gehe aus, zu Lesungen, ins Theater. Ich sitze in der Menge und muss mit niemandem sprechen. Am liebsten mag ich, wenn das Licht ausgeht, und jeder schaut für sich in den Raum, in die Nacht. Ich setze mich in die Gaststätte, esse, will nicht angesprochen werden. Manchmal lasse ich mich von einem Freund überreden, in eine

Bar zu gehen, und wenn der Freund sich verabschiedet hat, gehe ich zurück und stelle mich in die Menge, allein.

Beim Stöbern im modernen Antiquariat bin ich auf das Buch über »Einflussangst« des Literaturkritikers Harold Bloom gestoßen. Er ist im Herbst des Jahres 2019 gestorben, hat die ersten Fälle der neuartigen Atemwegserkrankung aus China nicht mehr mitbekommen, die unser Leben für eine Zeit so radikal verändern sollte. Das Buch erschien 1973 unter dem Titel *The Anxiety of Influence. A Theory of Poetry*. Bloom interpretiert darin das Verhältnis zwischen einem Dichter und seinen Vorbildern als Freud'schen Vater-Sohn-Konflikt. Die Vorbilder geben Inspiration und Orientierung. Der Nachkomme bewundert sie. Doch er sorgt sich auch, dass er zu abhängig von ihnen ist, dass ihr Einfluss seinem Werk keinen Raum für eigene Originalität lässt.

Angelehnt an Freuds Abwehrmechanismen entwickelt Bloom sechs »Bearbeitungsweisen«, Phasen eines Prozesses, in denen sich der Sohn mit dem Werk des Vaters auseinandersetzt. Das *misreading*, die Fehllektüre des Vorbilds, ermöglicht dem Nachwuchsdichter in seinem eigenen Werk eine kreative Korrektur des Vaters. Bei der *Tessera* versteht er das väterliche Werk so, als wäre der Vater nicht weit genug gegangen. Das Wort des Vaters scheint abgenutzt und muss durch Erweiterung erlöst werden. Der Nachwuchsdichter führt es fort, vervollständigt es, als fügte er zwei Mosaiksteine aneinander. Die letzte Phase nennt Bloom *Apophrades*, nach den »unheilvollen Tagen« im attischen Kalender. Die Athener glaubten, an diesen Tagen kehrten die Toten zurück, um ihre Häuser wieder zu bewohnen. In dieser Phase wird das Gedicht »gegenüber dem Vorläufer offen*gehalten*, wo es einmal offen *war*, und diese Errungenschaft des neuen Gedichts hat die ungeheure Wirkung, dass es uns jetzt so vorkommt, nicht als ob der Vorläufer das Gedicht schreiben würde, sondern als ob der spätere Dichter selbst das charakteristische Werk des Vorläufers geschrieben hätte«. Der Sohn hat jetzt zu einer besonders pointierten Form des väterlichen Stils gefunden.

Unter Einflussangst leiden »wir alle, seien wir Dichter oder nicht«, war Bloom überzeugt. Das Leben ist eine ständige Mischung aus Nachfolge und Trotz.

Blooms Blick war beschränkt auf Vater-Sohn-Beziehungen und die Lyrik englischer Romantiker. In *The Madwoman in the Attic* entwickelten später die feministischen Literaturwissenschaftlerinnen Sandra Gilbert und Susan Gubar das Konzept der »Anxiety of Authorship«. Ihnen zufolge machte Autorinnen wie Virginia Woolf gerade das Fehlen einer Vorgängerinnenstimme das Schreiben schwierig, es war ihnen kaum möglich, ein Bewusstsein zu bilden, aus dem sie sich als Autorinnen sehen durften.

Zwei Monate nach dem Tod des Vaters hat das Standesamt die Sterbeurkunde ausgestellt. Ich habe eine Liste mit Versicherungen und Mitgliedschaften meines Vaters geschrieben. Allen muss ich die Sterbeurkunde schicken. Die Mitgliedschaft in einem Verein endet mit dem Tod des Mitglieds. Bei Versicherungen ist es schwieriger. Eine persönliche Versicherung endet ebenfalls mit dem Tod, zum Beispiel die Haftpflichtversicherung, ein Toter kann keine Schäden anrichten. Die Krankenversicherung endet, ein Toter wird nicht krank. Bei der Sachversicherung ist es anders. Die für sein Auto geht auf uns über, seine Erben, denn das Auto geht auf uns über. Es steht ein paar Straßen weiter, und ich weiß nicht, was ich damit machen soll. Ich hatte nie ein Auto und brauche es nicht. Es wird viel gebaut hier, alle zwei Tage muss ich schauen, ob sie ein Halteverbotsschild aufgestellt haben. Die Rechtsschutzversicherung ist ein Mittelding. Sie geht auf die Erben über, wenn sie die Stellung des Vaters einnehmen, zum Beispiel sein Unternehmen weiterführen. Es hängt davon ab, was man vom Vater übernimmt.

Auf meinem Tisch die gesammelten Werke Wilhelm Buschs. Ich habe sie mitgebracht, als ich aus unserem Familienhaus zurück nach Berlin kam. Ich wollte meinem sterbenden Vater im Krankenhaus daraus vorlesen. Als ich Kind war, hat mir mein Vater *Max und Moritz* vorgelesen, beim Zuhören lernte ich die Geschichten auswendig. Ich sagte sie auf, wenn ich mit meinen Eltern im Wartezimmer beim Arzt saß, zur Belustigung der Anwesenden. Mein Vater mochte das. Besonders gerne hörte er den Lehrer Lämpel, die Witwe Bolte. Er starb, bevor ich sie ihm noch einmal vorlesen konnte.

Ich komme wieder an dem Aushang vorbei, mit dem jemand »unseren Nachbarn« sucht; ein paar Tage sind vergangen. Eine Frau steht lange davor und liest. Sie wirkt bewegt. Jemand hat den Aushang durch eine Folie geschützt, es regnet wieder.

Ich frage mich, wer der Mann mit dem »freundlichen Wesen« ist, der womöglich im Regen durch den Tiergarten irrt. Ich erinnere mich daran, dass im Pflegeheim meines Vaters einmal ein Mann verschwunden war. Mit seinem Rollator hatte er es bis zum Bahnhof Zoo geschafft, als ihn die Polizei aufgriff. Er wollte »nach Hause«. Seine Tochter erzählte mir, dass er sie nachts anrief, weil er nach Hause wollte, immer wieder. Dass sie nach solchen Anrufen weinte.

Bevor mein Vater ins Pflegeheim zog, musste ich Fragen beantworten. Ich musste angeben, ob bei ihm eine »Weglauftendenz besteht«. Demenzkranke haben oft das Gefühl für ihre Heimat, für ihr Zuhause verloren. Selbst wenn sie bis zum Lebensende in der eigenen Wohnung wohnen, laufen sie hinaus, um nach Hause zu gehen. Sie fühlen sich heimatlos in ihrem Zuhause. Manche Pflegeheime haben vor der Tür eine Bushaltestelle eingerichtet, die Bewohner warten dort auf den Bus. Aber die Haltestelle ist Attrappe, ein Bus kommt nicht, am Abend bringt ein Pfleger alle zurück.

Mein Vater mochte sein Haus. Er hat es nicht gerne aufgegeben. Doch in Berlin angekommen, äußerte er nicht den Wunsch, nach Hause zu gehen. Wenn er auf die Straße wollte, dann um Dinge zu erledigen, die er glaubte, erledigen zu müssen. Brot wollte er kaufen, immer Brot; schon früher hatte er große Angst davor, er könnte eines Tages nicht genug Brot haben. Nach Hause wollte er nicht. Ob er zu denen gehörte, denen das Gefühl der Heimatlosigkeit erspart bleibt, weiß ich nicht. Es wäre schön.

»Wenn man Pech hat, stabilisiert sich der Zustand auf diesem Niveau«, sagte der Arzt im Krankenhaus, als mein Vater auf dem Rücken lag und nicht sprechen konnte.

Ich muss an den Mann denken, der mit meinem Vater im Zimmer lag. Er war in diesem Zustand. Er lag auf dem Rücken, konnte nicht sprechen, nicht essen. Er war hellwach.

Ein junger Mann, der ihn besuchte, sprach mich an. Sein Onkel liege seit fast zwei Jahren so da. »Wir wissen nicht, was wir machen sollen.«

Bevor mein Freund abreiste, haben wir beide eine Patientenverfügung gemacht. Wir haben alles angekreuzt. Es war einfach.

Die Studie *Angst vor Krankheiten* ist neu aufgelegt worden. 47 Prozent der Männer und 62 Prozent der Frauen fürchteten sich im November 2022 vor Demenz.

Ich denke an den Nachmittag im Café, ich aß mit meinem Vater den Kuchen, den er liebte. Am Nachbartisch zwei Männer, fast zehn Jahre älter als er, sie lebten allein. Als sie sahen, wie ich meinem Vater half, in den Mantel zu finden, sagte der eine zum anderen: »So will ich nicht enden.«

Niemand weiß, ob Demenz ihn trifft. Und wenn ja, weiß niemand, wie. Ich denke an die Frau, mit der mein Vater im Speisesaal am Tisch saß. Sie war jeden Tag vornehm gekleidet, Schmuck und Schminke makellos. Sie fand sich selbstständig ein, am richtigen Platz zur richtigen Zeit. Sie erzählte in fünf Minuten zehnmal die gleiche Geschichte. Nach dem Essen steuerte sie zum Aufzug und drückte die richtige Taste für das richtige Stockwerk. Mein Vater wusste nicht, wo er war, wohin er sollte, wie man einen Aufzug bedient – aber er schüttelte den Kopf und sagte: »Diese Frau erzählt den ganzen Tag das Gleiche.«

Der Aushang hängt immer noch; weitere Tage sind vergangen.

Ich frage mich, wer die Leute sind, die den Mann mit dem freundlichen Wesen suchen. »Wir sind sehr in Sorge«, haben sie geschrieben. Es sind keine Verwandten. Es sind auch keine Freunde. Sie suchen einen »Nachbarn«. Ich frage mich, ob der gesuchte Mann eine Familie hat, Kinder. Freunde. Und wie man sich die Nachbarn vorzustellen hat, die sich um jemanden sorgen, der nicht der Vater ist, nicht der Bruder, nicht der Onkel, nicht einmal ein Freund.

»Es gibt Menschen, die haben fünf Kinder, und keines davon taucht bei ihnen auf, wenn sie im Pflegeheim sind«, sagte der Arzt meines Vaters einmal zu mir.

»Viele haben Schwierigkeiten, zu akzeptieren, dass ihre Eltern jetzt so sind, wie sie sind«, sagte die Pflegerin.

Die meisten Bewohner im Pflegeheim bekamen einmal im Jahr Besuch oder nie. Ein Kind zu haben ist keine Garantie, dass sich jemand kümmert, wenn wir Hilfe brauchen. Die Aussage des Arztes hat mich erschüttert und beruhigt. Dass sich um mich einmal das Kind nicht kümmern wird, das ich nicht habe, wird zumindest keine Enttäuschung sein.

Wer aber wird sich kümmern?

Während mein Vater starb, meldete die Muttergesellschaft seines Pflegeheims Insolvenz an. Ich hatte es nicht mitbekommen. Erst jetzt lese ich, dass sich die Insolvenzen der Pflegeheime häufen, schon drei große Gesellschaften in diesem Jahr. Obwohl für die Bewohner die Kosten alle paar Monate steigen, machen den Heimen die Energiepreise zu schaffen, der Personalmangel. Nach der Pandemie sind Betten leer geblieben. Die Beiträge der Pflegeversicherung steigen. Wer keine oder wenige Kinder hat, soll mehr bezahlen als jemand mit vielen Kindern. Trotzdem, rechnet die Pflegeversicherung vor, fehlen Milliarden. Ich muss an die denken, die nicht nur fünfzehn Monate im Pflegeheim sind, sondern fünf Jahre, zehn Jahre. Irgendwann wird das Geld knapp.

Wer wird uns pflegen?, fragen die Zeitungen.

Ich kann mich nicht daran erinnern, dass ich im Kindergarten Familie gespielt habe, Vater, Mutter, Kind. Ich weiß nicht, ob es daran lag, dass mich die Familie damals nicht interessierte, keine der drei Rollen Vater, Mutter, Kind. Oder ob es daran lag, dass ich im Kindergarten keine Freunde hatte. Denn um Familie zu spielen, braucht man Freunde. Mit Freunden kann man alles spielen, Familie, Arztpraxis, Impfzentrum, Baustelle. Nur »Wir spielen Freunde« gibt es nicht. Zumindest habe ich davon nicht gehört.

Heute habe ich Freunde.

Freunde werden oft als Allheilmittel gelobt, als Ersatz für fehlende Partner, fehlende Familien, als Wahlfamilie, die durchs Leben trägt und da ist und hilft. Der französische Philosoph Geoffroy de Lagasnerie weist auf »das offensichtliche Missverhältnis, das zwischen der Vielfalt der Situationen, die abgedeckt werden sollen, und der Tatsache besteht, dass es dafür nur ein Wort gibt«. Doch selbst wenn man den Freundschaftsbegriff weit fasst, ist es mit Freunden wie mit Kindern: Nicht jeder hat sie, und wenn man sie hat, heißt das nicht, dass sie einen gerade dann durchs Leben tragen, wenn es nötig wäre.

Vielleicht müssen wir auch lernen, Freunde zu spielen.

»Wir werden das Institut der Verantwortungsgemeinschaft einführen und damit jenseits von Liebesbeziehungen oder der Ehe zwei oder mehr volljährigen Personen ermöglichen, rechtlich füreinander Verantwortung zu übernehmen.« Das steht im Koalitionsvertrag der Regierung in Deutschland. Die Reform bewege sich in »historischen Kategorien«, hat der Justizminister gesagt, vollziehe »gesellschaftspolitische Realitäten« nach. Die Menschen seien mobiler geworden, Eltern und ihre erwachsenen Kinder wohnten oft weit voneinander entfernt. Als Beispiele für eine Verantwortungsgemeinschaft hat er genannt: eine Seniorenwohngemeinschaft. Alleinerziehende, die von Personen außerhalb der Familie unterstützt werden. Menschen, die sich zusammentun, ohne Familie zu sein und sein zu wollen. In der Verantwortungsgemeinschaft soll man übereinander Auskunft von Ärzten bekommen und füreinander Entscheidungen treffen. Vielleicht wird es Pflichten geben wie Unterhalt und Pflege. Wer eine Verantwortungsgemeinschaft eingehen will, muss nicht einmal Freundschaft nachweisen. Ein Näheverhältnis reicht.

Vielleicht ist es das, was auf dem Suchplakat mit »unser Nachbar« gemeint ist.

Donna Haraway empfiehlt: »Make kin, not babies«. Macht euch verwandt, nicht Babys. »Die Aufgabe«, schreibt sie, »besteht darin, sich entlang erfinderischer Verbindungslinien verwandt zu machen und eine Praxis des Lernens zu entwickeln, die es uns ermöglicht, in einer dichten Gegenwart und miteinander gut zu leben und zu sterben.« Das ist ihr tentakuläres Denken, das sind die Tentakel, die der Oktopus ausstreckt, die Verbindungen, die

Verantwortungsgemeinschaften zwischen denen herstellen, die nicht verwandt sind und doch füreinander da. Die Freunde spielen.

Und Haraway denkt weiter, sie sieht die erfinderischen Verbindungslinien nicht nur zwischen Menschen. Auch mit anderen Lebewesen könnten wir sie eingehen. Der Künstler und Informatiker James Bridle beschäftigt sich mit Wesen und Maschinen, die auf eine Weise intelligent sind, die wir nicht bemerken. In seinem Buch *Die unfassbare Vielfalt des Seins* beschreibt er Punkte, an denen Intelligenzen zusammentreffen: einen Vogel in Mosambik, der mit Menschen zusammenarbeitet; er sucht Bienenstöcke und führt die Menschen zu ihnen, die Menschen gewinnen den Honig und teilen mit dem Vogel. Zwei Chat-Bots, die im Labor von *Facebook* eine eigene Sprache erfanden; die Menschen schalteten die Bots ab, weil sie ihre Sprache nicht verstanden, weil sie ihnen sinnlos vorkam.

Ich finde die Geschichten interessant, aber noch kann ich mir nicht vorstellen, wie sie konkrete Probleme lösen, wenn ich alt bin, krank bin, Hilfe brauche. Noch sind sie mir so abstrakt wie der Himmel, in dem die Toten sind.

Pflegen uns bald Roboter?, fragen Zeitungen.

»Bew. wollte Roboterkatze nicht streicheln«, steht in einem der Betreuungsprotokolle meines Vaters. »Aber er hat auf ihr Miauen reagiert.«

Ich muss an letzten September denken, als ich mit meinem Vater beim Kardiologen war. Mein Vater brauchte für alles sehr lange, Hemd ausziehen, hinlegen, einatmen, ausatmen. Der Arzt blieb freundlich und geduldig. »Ich stelle mir immer vor, wie es mir einmal ergehen wird in einer solchen Situation«, sagte er.

Auch ich habe mir oft vorgestellt, wie ich mich an der Stelle meines Vaters fühlen würde, welche Hilfe ich von anderen erwarten würde. Ich hatte Mitleid. Vielleicht habe ich trotzdem nicht nur aus Mitgefühl gehandelt. Sondern auch aus der Hoffnung auf einen Pakt, auf Gerechtigkeit: Wenn ich diesem Menschen helfe, wird auch mir einst jemand helfen. Vielleicht war es Berechnung in einer unberechenbaren Welt.

Vielleicht kommt es darauf an: Wenigstens einen Menschen zu finden und zu kennen, der Mitgefühl mit uns hat. Der leidet, wenn wir leiden, und sich für uns einsetzt, damit es ihm selbst besser geht. Vielleicht besteht unsere Lebensaufgabe und Altersvorsorge darin, wenigstens dieses eine Geschöpf zu finden, egal, in welchem Verhältnis es zu uns steht, ob Kind, Partner, Freund, Nachbar oder Fremder, dessen Namen wir nicht wissen. Und vielleicht braucht dieses Geschöpf in Zukunft nicht einmal ein Mensch zu sein.

Die Weglauftendenz nennt man jetzt »Hinlauftendenz«, habe ich gelesen. Das soll würdigen, dass sich jemand mit einem Ziel auf den Weg macht.

Ich will wissen, wie meine Geschichte weitergeht. Ich will nicht alles auf mich zukommen lassen wie mein Vater. »Man weiß nicht vorher, in welcher Situation man sich wiederfindet«, hat mein Vater einmal bei einem Spaziergang zu mir gesagt. Es sollte eine Erklärung dafür sein, dass er sich nicht darum gekümmert hatte, wie er im Alter leben würde. Er hat keine Vorsorge getroffen. Er hat sich auf seine Kinder verlassen.

Manche werden mit vierzig oder weniger Jahren pflegebedürftig. Andere sind mit neunzig noch berufstätig oder pflegen andere. Wir wissen nicht, wie es uns trifft. Es ist schwer, Pläne zu machen.

Mit der Lumbalpunktion, der Entnahme von Nervenwasser aus dem Rückenmark, kann man Alzheimer jetzt schon im frühen Stadium feststellen, bevor die Symptome deutlich werden. Das habe ich kürzlich gelesen. Die Zeit kann wertvoll sein: In den USA ist ein neuer Wirkstoff zugelassen worden, wenige Tage, bevor mein Vater starb. Große Hoffnungen ruhen auf ihm, doch muss die Behandlung früh beginnen. Wissenschaftler raten trotzdem davon ab, eine Diagnose herauszufordern, solange das Gedächtnis keine Einbußen zeigt. Was werden wir in dreißig Jahren wissen? Werde ich mir Sicherheit verschaffen?

Es ist schwer, Pläne zu machen.

»In dringlichen Zeiten«, schreibt Donna Haraway, »ist es für viele verlockend, der Unruhe zu begegnen, indem sie eine imaginierte Zukunft in Sicherheit bringen.« Das Sich-verwandt-Machen ist deshalb eine Aufgabe für jetzt, für die Gegenwart. Für die Zukunft können wir nur vorsorgen, indem wir uns nicht auf sie versteifen. Es geht um »das Bewahren von Unruhe unter Vermeidung von Futurismus«, schreibt Haraway.

Die losen Enden schwirren mir auf den Netzhäuten und hämmern auf meine Trommelfelle. Der Drang, sie in eine lineare Geschichte zusammenzufügen, ist unerträglich.

Eine Lebensgeschichte zu entwerfen, so Dan P. McAdams, sei in der Postmoderne erschwert. Vielleicht, räumt er in seinem späteren Werk ein, sei in Zukunft mehr als eine Geschichte nötig, um ein Leben zu erzählen: »Über die Zeit werden Äußerungen gesammelt und in einen montageartigen Text gefügt, dessen Entwicklung von einem Moment zum nächsten niemals vorausgesagt werden kann.«

Durch Kim de l'Horizon habe ich Ursula K. Le Guin neu entdeckt. Sie, die Science-Fiction-Autorin, weiß schon lange, dass die lineare Geschichte ausgedient hat. Es gab immer zwei Arten von Geschichten, schreibt sie, nur bekam die eine mehr Aufmerksamkeit: Die Jagdgeschichte, ein Mann jagt ein Tier, sie hat Action und Helden, Gewinner und Verlierer. Im Schatten hätten die Sammlergeschichten gestanden. »Aber was wir wirklich taten, um am Leben zu bleiben und fett, war Samen sammeln, Wurzeln, Sprossen, Keime, Blätter, Nüsse, Beeren, Früchte und Körner.« Das erste Kulturwerkzeug des Menschen, so Le Guin in Anlehnung an Elizabeth Fisher, sei nicht die Waffe gewesen, sondern ein Behälter. Dinge zu sammeln, die nützlich, essbar oder schön sind, sei zutiefst menschlich.

Le Guin entwickelte daraus »The Carrier Bag Theory of Fiction«, die Tragetaschentheorie der Fiktion. Eine Geschichte entstehe nicht nur durch lineare Handlung, durch Konflikt, Gewinner und Verlierer. Sie könne auch »ein Medizinbündel sein, das Dinge in einer bestimmten, machtvollen Beziehung zueinander und zu uns enthält«.

Ein Medizinbündel? Weil die losen Enden unseres Lebens uns helfen können, wenn sie zueinander in Beziehung geraten. Wir können sie in die Tasche legen und die

Beziehungen sich entwickeln lassen. Ob diese Beziehungen Konflikt sind oder Harmonie, lässt sich nicht immer sagen. Und es ist auch nicht so wichtig. »Denn das Ziel ist weder Auflösung noch Stagnation, sondern ein andauernder Prozess.« Wir müssen die Tasche eine Weile tragen, um die Geschichte zu erkennen.

Le Guins Ansatz stimmt mich hoffnungsvoll. Er kann helfen, eine Geschichte zu finden, wo kein Pfeil ist. Wo nur lose Enden sind. Wir können sie sammeln und in unserer Tasche tragen, ohne sofort die Geschichte erkennen zu müssen. Nachfolge und Trotz, Hinlauftendenz und Weglauftendenz, Familie, Freunde und Fremde, Natur und Technik, Menschen und andere Tiere, Diesseits und Jenseits, Gestern und Morgen, all das kann *eine* Geschichte sein.

Vielleicht gelingt es auch mir, die losen Enden in meiner Tasche weiterzutragen, darauf zu vertrauen, dass die Geschichte sich entwickelt. Dem »andauernden Prozess« zu vertrauen. Vielleicht bleibt uns gar nichts übrig, als der Tragetaschentheorie zu vertrauen, weil die Geschichten so einfach nicht mehr sind.

Der Aushang ist verschwunden. Der Mann wurde gefunden, oder niemand sucht ihn mehr.

Der Bestatter hat die Rechnung geschickt. Fotos von der Beerdigung auf einer CD, in einer schwarzen Mappe. Wie eine Abschlussarbeit, endlich ausgedruckt, abgegeben.

Mein Vater hat jetzt ein Profil im Internet. Die Zeitung, in der wir seine Todesanzeige veröffentlicht haben, betreibt ein Trauerportal. Für jeden Verstorbenen legen sie eine Seite an. Eine seiner Cousinen hat eine digitale Kerze entzündet.

Über das Osterwochenende reise ich in unser Familienhaus, sieben Stunden bin ich mit dem Zug unterwegs. Ich treffe dort meinen Bruder und seine Familie. Eingebrochen wurde nicht, und es gab kein Feuer. Alles ist noch da, die Fotoalben, das Eingelagerte, die Erinnerungen, vom Keller bis unters Dach. Das Dach ist nicht gedämmt, im Keller steht eine Ölheizung. In den Nachrichten höre ich, das Haus kann so nicht in die Zukunft. Wir werden Entscheidungen treffen müssen. Ob mein Bruder oder ich noch einmal in dem Haus wohnen werden oder keiner von uns. Ob unsere Ära in dem Haus zu Ende geht. Auch dann wird es unser Familienhaus gewesen sein und bleiben.

»Bevor ich so alt bin wie der Opa, werde ich selbst Kinder haben«, sagt meine Nichte.

Haraway erwähnt ein Wortspiel in Shakespeares *Hamlet* und weist darauf hin, dass die englischen Wörter »kin« und »kind« ähnlich sind: verwandt und freundlich. Die Suche nach neuen Verwandtschaften solle mit freundlichem, höflichem Blick geschehen, schreibt sie, mit Neugier und der Fähigkeit, »andere auf aktive Weise interessant zu finden«.

Freunde spielen.

Im Haus liegen die Zettel, auf denen sich mein Vater als Gedankenstütze notiert hat: »Augen auf«.

Wir gehen zum Friedhof. Das Grab unserer Eltern ist schon wieder verschlossen, die Granitplatte deckt die aufgewühlte Erde ab. Der Name unseres Vaters ist ergänzt, unter dem Namen unserer Mutter. Darüber meine Großeltern, eine Tante, ein Onkel. Wir stellen eine Schale mit Frühlingsblumen hin, sie blühen sechs bis neun Monate, das hat die Verkäuferin gesagt. Früher goss unser Vater die Blumen auf diesem Grab, während seiner Zeit in Berlin hat meine Tante übernommen. Nun werden wir jemanden beauftragen. Wir sind nur noch selten hier. In die Kerze stecken wir neue Batterien. Sie wird drei Monate brennen, vielleicht länger.

Vinciane Despret findet es nicht hilfreich, »Trauer« als Prozess zu beschreiben, in dem man einen Verlust akzeptiert. In ihrem Buch *Au bonheur des morts* geht sie Menschen nach, die nicht in diesem Sinn trauern. Sie untersucht die Weisen, auf die Menschen mit verstorbenen Angehörigen in Beziehung stehen. Die Toten haben eine Wirkmacht in unserem Leben, meint sie, einfach, weil wir an sie denken. Jeder könne fragen: Zu welchen Handlungen bewegen mich die Toten? Besser, als einen Verlust zu akzeptieren, sei es, seinem Toten einen Platz im Leben zu finden. Nach und nach schwinde dann sein Einfluss.

Vielleicht sammeln wir auch unsere Toten in unseren Tragetaschen, und sie bleiben in Beziehung zu all den anderen offenen Enden.

In der Osternacht gibt es auf dem Kirchplatz ein Osterfeuer. Früher hat es mein Bruder gebaut, heute schichten es andere auf. Es ist nicht mehr so groß wie früher, aber auch nicht mehr so klein, wie es zwischendurch einmal war. Das Pfarrhaus daneben stand lange leer, heute wohnen darin

Menschen, die vor dem Krieg aus der Ukraine geflohen sind. Sie stehen mit uns um das Feuer. Sie stehen neben denen, mit denen wir Kinder waren; Frauen, die als Mädchen bei meiner Mutter zur Schule gingen und heute selbst Lehrerinnen sind. Manche sind in der Gegend geblieben, andere, wie wir, weit weggezogen, nur zu Besuch. Von wieder anderen stehen die Eltern allein am Feuer, die Kinder hat man seit ihrem Auszug nicht gesehen. »Wo ist dein Freund?«, fragen mich einige; wir reden durcheinander, und ich habe den Eindruck, ich gehöre heute mehr zu den Leuten im Dorf als in meiner Kindheit.

Wir halten die Hände an die Flammen; ich muss daran denken, wie ich im Winter ins Zimmer meines Vaters kam, er fasste meine kalten Finger und sagte: »Ich wärm sie dir.«

Hinter dem Feuer verläuft der Weg, über den ich in den Kindergarten ging. Als ich vier Jahre alt war, hat mir mein Vater dort beigebracht, wie man rennt. »Wenn du die Arme bewegst, kommst du besser voran«, hat er gesagt.

Das Feuer erobert die Richtungen, Asche, Funken, Rauch, sein Krachen und sein Raunen, es lässt sich nicht fangen, nicht vermessen, nicht vorhersagen, und für einen Herzschlag entsteigt ihm der Oktopus, mit seinen Tentakeln, die suchen und fühlen und finden werden.

LITERATUR

MOTTO

Das erste Motto stammt aus Paul Auster, *Winterjournal*, übersetzt von Werner Schmitz, Reinbek 2013, Seite 7.

Das zweite Motto ist ein Zitat aus einem Gebet, das unter dem Pseudonym S. M. X. und dem Titel »To-Day« im Jahr 1880 erschien in *The Messenger of the Sacred Heart of Jesus*, Volume VII, Seite 20.

DAS LICHT FERNER STERNE

Die Rotverschiebung und was wir aus ihr schließen können, beschreibt Frank Wilczek, *Fundamentals. Die zehn Prinzipien der modernen Physik*, übersetzt von Jens Hagestedt, München 2021, Seiten 40 ff.

Die Warnung vor der Fixierung auf Anfänge gibt Jack Hart, *Storycraft: The Complete Guide to Writing Narrative Nonfiction*, Chicago 2011, Seite 118. In einer neuen Auflage von 2021 scheint der Hinweis interessanterweise entfallen.

Jonathan Franzen, Das Gehirn meines Vaters, in: ders., *Anleitung zum Alleinsein. Essays*, übersetzt von Eike Schönfeld, Reinbek 2007, Seiten 13–46.

Zur Generationenverteilung in Deutschland: Statista, *Anzahl der Einwohner in Deutschland nach Generationen am 31. Dezember 2022*, Juni 2023.

Lisa Genova, *Die Gabe der Erinnerung und die Kunst des Vergessens. Wie unser Gedächtnis funktioniert*, übersetzt von Jochen Winter, Berlin 2021, erläutert im 1. Teil die Gedächtnisarten und auf Seite 14 die Sorge. Zu den Veränderungen durch Alzheimer: Eric Kandel, *Was ist der Mensch? Störungen des Gehirns und was sie über die menschliche Natur verraten*, übersetzt von Sebastian Vogel, München 2018, Seiten 158 ff.

Arno Geiger, *Der alte König in seinem Exil*, München 2011, Zitat auf Seite 7.

Die Daten zur Demenz finden sich in: forsa, *Angst vor Krankheiten*, Studie der DAK, Hamburg 2021. Deutsche Alzheimer Gesellschaft e. V., *Die Häufigkeit von Demenzerkrankungen*, Berlin 2022; Robert Koch-Institut, Demenzerkrankungen in Deutschland: Epidemiologie, Trends und Herausforderungen, *Journal of Health Monitoring*, Berlin 2023, Nr. 8(3). GBD 2019 Dementia Forecasting Collaborators, Estimation of the Global Prevalence of Dementia in 2019 and Forecasted Prevalence in 2050: An Analysis for the Global Burden of Disease Study 2019, *The Lancet Public Health*, 2022, Seiten e105–e125.

Martin Heidegger, *Sein und Zeit*, Tübingen 1927, § 42.

Zur Erforschung des Gedächtnisses der Meeresschnecke: Thomas J. Carew, Vincent F. Castellucci, Eric R. Kandel, An Analysis of Dishabituation and Sensitization of the Gill-Withdrawal Reflex in Aplysia, *International Journal of Neuroscience*, 1971, Seiten 79–98.

Die Bedeutung des Gedächtnisses für den Menschen reflektiert Harald Welzer, Erinnerung und Gedächtnis. Desiderate und Perspektiven, in: Christian Gudehus, Ariane Eichenberg, Harald Welzer (Hrsg.), *Gedächtnis und Erinnerung. Ein interdisziplinäres Handbuch*, Stuttgart und Weimar 2010, Seiten 1–10 (Zitat auf Seite 8).

Viktor Šklovskij, Die Kunst als Verfahren, in: Jurij Striedter (Hrsg.), *Russischer Formalismus*, München 1971, Seiten 3–35 (Zitat auf Seite 15).Wie Literatur die »Ambivalenzen der Sorge« ausleuchten kann, beschreibt Ulrike Vedder, Erzählen vom Zerfall. Demenz und Alzheimer in der Gegenwartsliteratur, *Zeitschrift für Germanistik*, 2012, Seiten 274–289.

SAMMELN, BEWAHREN

Zur vom Arzt angesprochenen Wirkung des Medikaments: David S. Geldmacher, George Provenzano, Thomas McRae, Vera Mastey, John R. Ieni, Donepezil is Associated with Delayed Nursing Home Placement in Patients with Alzheimer Disease, *Journal of the American Geriatrics Society*, 2003, Seiten 937–944.

Zbyněk Z. Stránský beschreibt den Begriff der Musealität in Pojam muzeologije, *Muzeologija*, 1970, Seiten 2–39; dazu Milan M. Popadić, The Origin and Legacy of the Concept of Museology, Вопросы музеологии (Fragen der Museologie), 2017, Seiten 3–12.

Offizielle Kriterien zum Sammeln und Entsammeln sind entnommen Deutscher Museumsbund e. V. (Hrsg.), *Nachhaltiges Sammeln. Ein Leitfaden zum Sammeln und Abgeben von Museumsgut*, Berlin/Leipzig 2011, Seiten 31 und 33 ff.

Einen knappen Überblick über den Erinnerungsvorgang geben Carlos Kölbl, Jürgen Straub, Zur Psychologie des Erinnerns, in: Christian Gudehus, Ariane Eichenberg, Harald Welzer (Hrsg.), *Gedächtnis und Erinnerung: ein interdisziplinäres Handbuch*, Stuttgart und Weimar 2010, Seiten 22–44; ebenso Lisa Genova, *Die Gabe der Erinnerung und die Kunst des Vergessens. Wie unser Gedächtnis funktioniert*, übersetzt von Jochen Winter, Berlin 2021, Kapitel 3.

Die »mentale Zeitreise« beschreibt Endel Tulving, Episodic Memory and Autonoesis: Uniquely Human?, in: Herbert S. Terrace, Janet Metcalfe (Hrsg.), *The Missing Link in Cognition*, Oxford 2005, Seiten 4–56. Die zugehörigen neurowissenschaftlichen Erkenntnisse liefern Sean M. Polyn, Vaidehi S. Natu, Jonathan D. Cohen, Kenneth A. Norman, Category-Specific Cortical Activity Precedes Retrieval During Memory Search, *Science*, 2005, Seiten 1963–1966.

Die »Gebärde der Besichtigung« entwickelt unter Bezugnahme auf Horst Rumpf: Eva Sturm, Museifizierung und Realitätsverlust, in: Wolfgang Zacharias (Hrsg.), *Zeitphänomen Musealisierung. Das Verschwinden der Gegenwart und die Konstruktion der Erinnerung*, Essen 1990, Seiten 99–113 (Zitat auf Seite 99).

UNSICHER

Zitat von Endel Tulving aus Episodic Memory and Autonoesis: Uniquely Human?, in: Herbert S. Terrace, Janet Metcalfe (Hrsg.), *The Missing Link in Cognition*, Oxford 2005, Seite 17. Zu den Leistungen des Gedächtnisses für die Zukunftsplanung: Alfred Schütz, Tiresias oder unser Wissen von zukünftigen Ereignissen, in: ders., *Gesammelte Aufsätze. Studien zur soziologischen Theorie*, Den Haag 1972, Seiten 259–278 (Zitat auf Seite 277). Edmund Husserl, *Die Bernauer Manuskripte über das Zeitbewusstsein (1917/18)*, herausgegeben von Rudolf Bernet und Dieter Lohmar, Boston 2001, § 2. Giambattista Vico, *Prinzipien einer neuen Wissenschaft über die gemeinsame Natur der Völker*, Teilband 2, übersetzt von Vittorio Hösle und Christoph Jermann, Hamburg 1990, § 819 (Seite 463).

WIRKLICHKEIT TEILEN

Nikolai Gogol, *Die Nase*, übersetzt von Dorothea Trottenberg, Stuttgart 1997, Zitat auf Seite 77. Dazu George Saunders, *Bei Regen in einem Teich schwimmen: Von den russischen Meistern lesen, schreiben und leben lernen*, übersetzt von Frank Heibert, München 2022, Zitat auf Seite 394. Das Verstehen beschreibt Friedrich Schleiermacher, *Hermeneutik und Kritik*, Berlin 1838, Einleitung 9. 2.

Den unerfüllten Wunsch nach Gefährtenschaft beschreibt Melanie Klein, Zum Gefühl der Einsamkeit, in: dies., *Gesammelte Schriften*, Band III, Stuttgart-Bad Cannstatt 2000, Seiten 473–493.

Eine Beschreibung zu Cornelia Basts Werk *Fokung Wirkus* findet sich in Universität für Angewandte Kunst Wien, *Dementia, arts, society – Ausstellung: 09.01.–28.01.2019*, Ausstellungskatalog Wien 2019, Seiten 12 ff.

Die Bedeutung der geteilten Realität untersuchen Gerald Echterhoff, E. Tory Higgins, John M. Levine, Shared Reality. Experiencing Commonality With Others' Inner States About the World, *Perspectives on Psychological Science*, 2009, Seiten 496–521.

AN MANCHEN TAGEN IM REINEN SEIN

Zur Fälschungsanfälligkeit unserer Erinnerung: Elizabeth F. Loftus, Jacqueline E. Pickrell, The Formation of False Memories, *Psychiatric Annals*, 1995, Seiten 720–725 (Zitat auf Seite 724). Lisa Genova, *Die Gabe der Erinnerung und die Kunst des Vergessens. Wie unser Gedächtnis funktioniert*, übersetzt von Jochen Winter, Berlin 2021, Seiten 105 ff. und Kapitel 7. Frederic Bartlett, *Remembering: A Study in Experimental and Social Psychology*, Cambridge 1932, Seite 20. Alfred Schütz, Tiresias oder unser Wissen von zukünftigen Ereignissen, in: ders., *Gesammelte Aufsätze. Studien zur soziologischen Theorie*, Den Haag 1972, Seiten 259–278 (Zitat auf Seite 276). Sigmund Freud, Die Abwehr-Neuropsychosen, in: Anna Freud u. a. (Hrsg.), *Gesammelte Werke*, Band 1, London 1952, Seiten 57–74. Anthony G. Greenwald, The Totalitarian Ego. Fabrication and Revision of Personal History, *American Psychologist*, 1980, Seiten 603–618. John Kotre, *Der Strom der Erinnerung. Wie das Gedächtnis Lebensgeschichten schreibt*, übersetzt von Hartmut Schickert, München 1998.

Das Zitat von Siri Hustvedt entstammt *Mütter, Väter und Täter: Essays*, übersetzt von Grete Osterwald und Uli Aumüller, Hamburg 2023, Seite 113.

NOTFALLSAMMELPUNKT

Einen Zusammenhang zwischen Donepezil und Hypergraphie beschreiben Sarah Wicklund, Mark Wright, Donepezil-Induced Mania, *Journal of Neuropsychiatry and Clinical Neurosciences*, 2012, Seite E27.

Das Zitat von Georg Wilhelm Friedrich Hegel entstammt seinen Frühen Schriften, in: ders., *Werke in zwanzig Bänden*, Band 1, Frankfurt/Main 1986, Seite 346. Der Platon-Dialog steht in *Phaidros*, in: Platon, *Sämtliche Werke*, Band 2, Seiten 539–610 (Zitat auf Seiten 603 f.). Das Zitat von Titus Livius entstammt *Römische Geschichte*, Zweiter Band, Sechstes Buch, übersetzt von Konrad Heusinger, Braunschweig 1821, § 1 (Seite 3).

Annie Ernaux ist zitiert aus *Die Jahre*, übersetzt von Sonja Finck, Berlin 2017, Seiten 9 ff. und 80.

Abby S. Boytos, Kristi A. Costabile untersuchen die Bedeutung der gemeinsamen Erinnerung in Shared Reality, Memory Goal Satisfaction, and Psychological Well-Being During Conversational Remembering, *Memory*, 2023, Seiten 689–704.

KOSTBARE FRAGMENTE

Marcel Proust, *Auf der Suche nach der verlorenen Zeit.* Band 1: *Auf dem Weg zu Swann*, übersetzt von Bernd-Jürgen Fischer, Stuttgart 2013, Zitat auf Seite 70.

Wissenschaftlich erforscht haben die unwillkürliche Erinnerung: Dorthe Berntsen, Voluntary and Involuntary Access to Autobiographical Memory, *Memory*, 1998, Seiten 113–141. John H. Mace, Elizabeth Atkinson, Can We Determine the Functions of Everyday Involuntary Autobiographical Memories?, in: Matthew R. Kelley (Hrsg.), *Applied Memory*, New York 2009, Seiten 199–212. Dorthe Berntsen, David C. Rubin, Sinue Salgado, The Frequency of Involuntary Autobiographical Memories and Future Thoughts in Relation to Daydreaming, Emotional Distress, and Age, *Consciousness and Cognition*, 2015, Seiten 352–372. Rosemary J. Bradley, Chris J. A. Moulin, Lia Kvavilashvili, Involuntary Autobiographical Memories, *The Psychologist*, 2013, Seiten 190–193. Junya Hashimoto, Noriaki Kanayama, Makoto Miyatani, Takashi Nakao, The Mood Repair Effect of Positive Involuntary Autobiographical Memory Among Japanese Adults: An Experimental Study, *SAGE Open*, 2022, Seiten

1–12. Aleksandra E. Isham, Lynn A. Watson, Barbara Dritschel, Sad Reflections of Happy Times: Depression Vulnerability and Experiences of Sadness and Happiness Upon Retrieval of Positive Autobiographical Memories, *Memory*, 2022, Seiten 1288–1301.

Den Begriff der »kostbaren Fragmente« verwendet Marigold Linton, Ways of Searching and the Contents of Memory, in: David C. Rubin (Hrsg.), *Autobiographical Memory*, 1986, Seiten 50–67 (Zitat auf Seite 53).

Zu den Wirkungen traumatischer Erfahrungen: Sigmund Freud, Konstruktionen in der Analyse, in: Anna Freud u. a. (Hrsg.), *Gesammelte Werke*, Band 16, London 1950, Seiten 43–56. Dori Laub, Nanette Auerhahn, Knowing and not Knowing Massive Psychic Trauma: Forms of Traumatic Memory, *International Journal of Psychoanalysis*, 1993, Seiten 287–302. Dies., Failed Empathy – a Central Theme in the Survivor's Holocaust Experience, *Psychoanalytic Psychology*, 1989, Seiten 377–400. Die organischen Veränderungen beschreibt J. Douglas Bremner, Traumatic Stress: Effects on the Brain, *Dialogues in Clinical Neuroscience*, 2006, Seiten 445–461.

Das Zitat von Siri Hustvedt entstammt *Mütter, Väter und Täter: Essays*, übersetzt von Grete Osterwald und Uli Aumüller, Hamburg 2023, Seite 93.

Der Wiederkehr alltäglicher belastender Erinnerungen widmen sich Dorthe Berntsen, David C. Rubin, The Reappearance Hypothesis Revisited: Recurrent Involuntary Memories after Traumatic Events and in Everyday Life, *Memory & Cognition*, 2008, Seiten 449–460.

Almudena Grandes, *Un barrio del centro de Madrid,* Teil 1, *Los besos en el pan*, Ditzingen 2020, Zitat auf Seite 14.

Felix Salten, *Bambi. Eine Lebensgeschichte aus dem Walde*, 1922, Kapitel 12.

Ihre Methode der Validation beschreiben Naomi Feil, Vicki de Klerk-Rubin in *Validation*, 12. Auflage, übersetzt von Andrea Marenzeller, München 2023.

TATORTVERSIEGELUNG

Die Wiederholbarkeit des Lebens untersucht Sören Kierkegaard, *Die Wiederholung*, übersetzt von Liselotte Richter, Frankfurt/ Main 1984, Seiten 7 ff. (Zitat auf Seite 28).

Zur Unendlichkeitsillusion: Janosch Schobin, Sechs Farben und drei Rotationsachsen. Versuch über Verpflichtungen in Freundschaften, *Mittelweg 36, Zeitschrift des Hamburger Instituts für Sozialforschung*, 2008, Seiten 17–41. Zur »grundlegenden Sorge« und unserem Umgang mit ihr: Alfred Schütz, *Gesammelte Aufsätze I. Das Problem der sozialen Wirklichkeit*, Den Haag 1971, Seite 262; Alfred Schütz, Thomas Luckmann, *Strukturen der Lebenswelt*, 2. Auflage, Konstanz/München 2017, Seiten 88 ff.

Stimmen zur »Zäsur« des Nicht-mehr-Erkennens der Angehörigen versammelt Katharina Rensch, *Herausforderung oder Überforderung? Pflege und Betreuung demenzkranker Menschen durch Angehörige*, Marburg 2012, Seiten 171 ff.

DIE WELT IN WIEDERHERSTELLBARER REICHWEITE

Zur Vorstellung einer Welt in wiederherstellbarer Reichweite: Alfred Schütz, *Gesammelte Aufsätze I. Das Problem der sozialen Wirklichkeit*, Den Haag 1971, Seite 355.

Eine Kritik des Lösungsmodells der Heimkehr unternimmt Moritz Baßler, *Populärer Realismus. Vom International Style gegenwärtigen Erzählens*, München 2022, Seiten 237 f.

Die Untersuchungen zu Erfahrungen der Angehörigen Demenzkranker finden sich in Katharina Rensch, *Herausforderung oder Überforderung? Pflege und Betreuung demenzkranker Menschen durch Angehörige*, Marburg 2012, Seiten 151 ff.

Das Zitat von Gabriele von Arnim stammt aus *Das Leben ist ein vorübergehender Zustand*, Hamburg 2021, 6. Kapitel.

Den Sterbehilfefall aus den Niederlanden protokolliert Regionale Kontrollkommissionen für Sterbehilfe, *Jahresbericht 2016*, Den Haag 2017, Seiten 55 ff. Das dazu passende Gedankenexperiment liefert Ronald Dworkin, *Life's Dominion: An Argument About Abortion, Euthanasia, and Individual Freedom*, New York 1993, Seiten 220 ff.

Ihre Anleitung zum »tentakulären Denken« entwickelt Donna J. Haraway, *Unruhig bleiben. Die Verwandtschaft der Arten im Chthuluzän,* übersetzt von Karin Harrasser, Frankfurt/New York 2018, Kapitel 2. Der Oktopus kommt auf Seite 80 vor.

Das Zitat von Kim de l'Horizon stammt aus *Blutbuch*, Köln 2022, Seiten 247 ff.

EIN VERSUCH, SCHAM ZU ÜBERWINDEN

Zum autobiografischen Gedächtnis: Michael Corsten, Autobiografische Erinnerung und kommunikatives Gedächtnis, in: ders., *Lebenslauf und Sozialisation*, Wiesbaden 2020, Seiten 311–322.

Die unterschiedlichen Kommunikationsstile von Eltern mit ihren Kindern untersuchen Robyn Fivush, Widaad Zaman, Gendered Narrative Voices: Sociocultural and Feminist Approaches to Emerging Identity in Childhood and Adolescence, in: Kate C. McLean, Moin U. Syed (Hrsg.), *The Oxford Handbook of Identity Development*, Oxford 2015, Seiten 33–52.

Die narrative Identität umreißt Dan P. McAdams, The Psychology of Life Stories, *Review of General Psychology*, 2001, Seiten 100–122.

Das Konzept des »verallgemeinerten Anderen« entwickelt George Herbert Mead, *Mind, Self and Society*, Chicago 1934, Seiten 152 ff.

Das Zitat von Daniel Schreiber stammt aus *Allein*, Berlin 2021, Seite 57.

Zu den Bedingungen der Scham Siri Hustvedt, *Mütter, Väter und Täter: Essays*, übersetzt von Grete Osterwald und Uli Aumüller, Hamburg 2023, Seite 83.

Die schambehafteten Themen – Demenz: Hannah Aldridge, Paul Fisher, Ken Laidlaw, Experiences of Shame for People with Dementia: An Interpretative Phenomenological Analysis, *Dementia*, 2019, Seiten 1896–1911. Ruth Palan Lopez, Karen M. Rose, Lauren Kenney, Victoria Sanborn, Jennifer Duncan Davis, Managing Shame: A Grounded Theory of How Stigma Manifests in Families Living With Dementia, *Journal of the American Psychiatric Nurses Association*, 2019, Seiten 1–8. Ingrid Hanssen, Flora M. Mkhonto, Hilde Øieren, Malmsey L.M. Sengane, Anne Lene Sørensen, Phuong Thai Minh Tran, Pre-Decision Regret Before Transition of Dependent with Severe Dementia to Long-Term Care, *Nursing Ethics*, 2022, Seiten 344–355. Verlust des Partners: Onja T. Grad, Anka Zavasnik, Phenomenology of Bereavement Process After Suicide, Traffic Accident and Terminal Illness (in Spouses), *Archives of Suicide Research*, 1999, Seiten 157–172. Queere Scham: Eve Kosofsky Sedgwick, Queere Performativität. Henry James' »The Art of the Novel«, in: Matthias Haase (Hrsg.), *Outside. Die Politik queerer Räume*, Berlin 2005, Seiten 13–37. Allgemein zur Scham: Erving Goffman, *Stigma. Über Techniken der Bewältigung beschädigter Identität*, übersetzt von Frigga Haug, Frankfurt/Main 1975, Seite 10.

Zum Prozess am Landgericht Frankfurt: Stefan Behr, Mutters langsames Verschwinden, *Frankfurter Rundschau* online, 21.Juli 2023; Raquel Erdtmann, Eine unerklärbare Tat, *Frankfurter Allgemeine Zeitung*, 29.Juli 2023, Seite 3.

Die Zitate: Arno Geiger, *Der alte König in seinem Exil*, München 2011, Seite 133. Berthe Arlo, *Nachts wach*, Berlin 2022, Seite 7. Gabriele von Arnim, *Das Leben ist ein vorübergehender Zustand*, Hamburg 2021, 2. Kapitel. Ulrich Greiner, *Schamverlust. Vom Wandel der Gefühlskultur*, Reinbek 2014, Seite 22.

Die Aussagen Vinciane Desprets sind dem Interview in dem Film entnommen: Laura Raim, *Und wenn wir nicht trauern würden? Offene Ideen mit Vinciane Despret*, UPIAN – ARTE France 2021.

FREUNDE SPIELEN

Harold Bloom, *Einfluss-Angst. Eine Theorie der Dichtung*, übersetzt von Angelika Schweikhardt, Basel 1995, Zitate auf Seiten 83 und 18.

Sandra M. Gilbert, Susan Gubar, *The Madwoman in the Attic: The Woman Writer and the Nineteenth-century Literacy Imagination*, New Haven 1979, Part I.2.

Mit Weglauftendenz und Hinlauftendenz befasst sich Céline Kaiser, Die fiktive Bushaltestelle, in: Lars Friedrich, Karin Harrasser, Céline Kaiser (Hrsg.), *Szenographien des Subjekts*, Wiesbaden 2018, Seiten 81–95.

Die neuen Zahlen: forsa, *Angst vor Krankheiten*, Studie der DAK, Hamburg 2022. In der Ausgabe 2023 sind die Zahlen zurückgegangen: Männer 43, Frauen 47 Prozent.

Geoffroy de Lagasnerie, *3 – Ein Leben außerhalb. Lob der Freundschaft*, übersetzt von Andrea Hemminger, Frankfurt am Main 2023, Seite 16. Die Idee der Verantwortungsgemeinschaft formulieren SPD, Bündnis 90/Die Grünen, FDP in *Mehr Fortschritt wagen. Koalitionsvertrag 2021–2025*, Berlin 2021, Seite 80.

Donna J. Haraway, *Unruhig bleiben. Die Verwandtschaft der Arten im Chthuluzän*, übersetzt von Karin Harrasser, Frankfurt/New York 2018, Zitate auf Seite 9 sowie in Kapitel 4 und auf Seite 142.

James Bridle, *Die unfassbare Vielfalt des Seins*, übersetzt von Andreas Wirthensohn, München 2023, Kapitel 5 und 6.

Die Früherkennungsmöglichkeiten von Demenz untersuchen Suzanne E. Schindler, Fluid Biomarkers in Dementia Diagnosis, *Dementia*, 2022, Seiten 822–833; Leslie M. Shaw, Jalayne Arias, Kaj Blennow, Douglas Galasko, José Luis Molinuevo, Stephen Salloway, Suzanne Schindler, Maria C. Carrillo, James A. Hendrix, April Ross, Judit Illes, Courtney Ramus, Sheila Fifer, Appropriate Use Criteria for Lumbar Puncture and Cerebrospinal Fluid Testing in the Diagnosis of Alzheimer's Disease, *Alzheimer's & Dementia*, 2018, Seiten 1505–1521. Zur Zulassung des neuen Wirkstoffs Leqembi: U. S. Food and Drug Administration, *FDA Grants*

Accelerated Approval for Alzheimer's Disease Treatment, Presseerklärung vom 6. Januar 2023.

Dan P. McAdams, The Psychology of Life Stories, *Review of General Psychology*, 2001, Seiten 100–122 (Zitat auf Seite 114).

Ihre Tragetaschentheorie der Fiktion beschreibt Ursula K. Le Guin in The Carrier Bag Theory of Fiction, in: *Dancing at the Edge of the World: Thoughts on Words, Women, Places*, New York 1989, Seiten 165–170.

Die Aussagen Vinciane Desprets sind dem Interview in dem Film entnommen: Laura Raim, *Und wenn wir nicht trauern würden? Offene Ideen mit Vinciane Despret*, UPIAN – ARTE France 2021.

3. Auflage 2024

Das Zitat von Paul Auster auf S. 7 wurde entnommen aus:
Paul Auster: Winterjournal. In der Übersetzung von Werner Schmitz
© 2013, Rowohlt Verlag GmbH, Hamburg
Covergestaltung und -motiv: © Marion Blomeyer / Lowlypaper
Gesetzt aus der Dante und der League Spartan
Satz Buch-Werkstatt GmbH, Bad Aibling
Druck und Bindung GGP Media GmbH, Pößneck

ISBN 978-3-462-00435-9